法廷通訳ハンドブック実践編

【ネパール語】

最高裁判所事務総局

はじめに

　法廷通訳については，通訳の対象が法廷という極めて特殊な状況
での会話であるために，通訳一般で必要とされる十分な語学力に加
えて，法廷通訳に求められる特別の心構えや刑事手続の基本的な知
識を身につける必要があります。そして，経験を積む中で，刑事手
続への理解を深め，事実に争いがある否認事件等の複雑な手続や，
控訴審などの通常の第一審と異なる手続の通訳もこなせるようなレ
ベルにまで，能力を向上させていくことが期待されます。このよう
なレベルに達するには，法廷での特殊な用語，法律的な知識など法
廷通訳に特有の事項をよく理解することが必要となります。

　本書は，そのための手助けになるように，できるだけ実践的な内
容とすることを心がけ，第1編では刑事手続の流れに沿って，通
訳人からよく質問される事項をQ＆Aの形でまとめ，第2編では，
控訴審の手続をできるだけ平易に説明するとともに，第3編及び
第4編では，法廷で使用されることの多いやりとりの具体例や，法
律用語などの通訳例をできる限り網羅的に掲載することを心がけま
した。

　本書が広く刑事裁判の通訳に当たる方の一助となれば幸いです。

　　令和3年2月

最高裁判所事務総局刑事局

目　　次

第1編

刑事裁判手続における通訳人の留意事項

第1編　刑事裁判手続における通訳人の留意事項

　　ここでは，通訳を必要とする刑事裁判での手続に即して，しばしば問題となる事項又は通訳人が留意すべき事項について説明します。法廷等で使用される用語の訳語については，53ページの「法廷通訳参考例」又は127ページの「法律用語等の対訳」を参照してください。

第1章　一般的注意事項

①Q　法廷通訳は，一般の通訳と比べてどのような特徴がありますか。

A　法廷でのやりとりのうち，証人尋問や被告人質問は，その結果得られた証言や供述が，裁判の証拠として，犯罪事実の認定や刑の量定の基礎になる特に重要なものですから，すべての発言を逐語訳で行う必要があるという特徴があります。例えば，証人が証言内容を発言直後に訂正した場合には，訂正後の内容だけでなく訂正前の内容についてもそのまま通訳してください。

　　法廷での裁判官と検察官，弁護人とのやりとりについては，裁判長が必要な事項を要約することが多いと思われます。通訳すべき範囲を自分で判断するのではなく，裁判長の指示に従って通訳を行ってください。

②Q　通訳人として守らなければならないことは何ですか。

A　良心に従って誠実に通訳をしてください。通訳をす
るに当たって，そのことを宣誓していただくことにな
ります。また，裁判は，偏りのない公正な手続で行う
必要がありますから，通訳人も，通訳するに当たっては，
立場上中立公正さを疑われるような行動をとってはい
けません。もしも，被告人や証人と知り合いであるな
どの事情がある場合には，直ちに裁判所に申し出てく
ださい。

　　また，被告人又はその関係者に対しては，自分の氏
名，住所，電話番号を教えないようにし，個人的に接
触する機会を与えないでください。一緒に飲食をした
り，贈物を受け取るなどの行為は絶対にしないでくだ
さい。

　　さらに，裁判の過程で知った事件に関する事項につ
いては，絶対に他に漏らさないでください。裁判所や
検察官，弁護人から事前に送付を受けた書面について
は，その保管に注意するとともに，他人の目に触れる
ことのないよう注意してください。

③Q　証人や被告人の発言を逐語訳したり，法廷でのやり
とりを記憶しておくのは，大変なことだと思いますが，
法廷に立ち会う際，どのような準備，工夫をすればよ
いですか。

A　法廷に立ち会う際には，自分の記憶だけに頼るので
はなく，メモを取っておくことが不可欠です。メモを

取る際には，自分の理解しやすい記号や略語を用いたり，訴訟関係人の発言の順序などについて図式化して記録するなど，適宜工夫をするとよいでしょう。

また，日ごろから，メモ取りをはじめとする様々なトレーニングを行い，通訳スキルの更なる向上を心がけておくことも重要です。

第2章　勾留質問手続

逮捕された被疑者を引き続き留置しようとする場合，検察官は裁判官に対して勾留請求を行います。裁判官は資料を検討し，被疑事実に関する被疑者の言い分を聞いた上で，勾留するかどうか決めることになります。この言い分を聞く手続が勾留質問です。勾留質問は，裁判所の勾留質問室で行われます。被疑者が日本語を理解できない場合には，通訳人を介してこの手続を行うことになります。

Q　通訳人の人定尋問の際，被疑者に通訳人の氏名や住所を知られることはありませんか。被疑者に氏名や住所等を知られたくない場合には，どうしたらよいですか。

A　裁判所では，通訳人の氏名，住所などの個人情報について，慎重に取り扱うよう配慮しています。

勾留質問手続においては，裁判官は，通訳人の人定尋問の際，あらかじめ人定事項を記載した書面をもとに「このとおりですね。」などと確認する形で人定尋問を行うのが一般的です。

念のため事前に裁判所書記官（以下「書記官」といいます。）に対してそのような希望を申し出てください。

第3章　起訴後第1回公判期日前まで

第1節　起訴

　　　刑事裁判は，検察官が裁判所に対して裁判を求めることによって開始されます。これを起訴又は公訴の提起といい，具体的には，検察官が，起訴状を裁判所に提出して行います。起訴状には，被告人の氏名，生年月日，住居など被告人を特定する事項，公訴事実，罪名及び罰条が記載されています。

　　　起訴があると，それまで被疑者に対する被疑事件であったものが被告人に対する被告事件となって，裁判所で審理される状態になります。

第2節　起訴状概要の翻訳文の送付

1　趣旨

　　　裁判所では，起訴があった場合，起訴状の概要を被告人の理解できる言語に翻訳した上，第1回公判期日前のできるだけ早い時期にその翻訳文を被告人に送付するという取扱いを行っています。これは，日本語を理解しない被告人に早期に起訴状の内容を理解させて，被告人の防御権を実質的に保障するとともに，公判審理の充実を図ろうとするものです。

2　実施の方法

　　　起訴状概要の翻訳文を送付する運用を円滑に実施するため，典型的な公訴事実の要旨を翻訳した文例集が作成され，それ

ぞれの地方裁判所に用意されています。

　裁判所は，翻訳文を送付する際には，通訳人予定者等に，日本語で作成した起訴状記載の公訴事実の要旨，罪名及び罰条について翻訳を依頼し，翻訳文を作成してもらうこともあります。その際，先に述べた翻訳文例の翻訳例を参考にしていただくとよいと思います。出来上がった翻訳文は，裁判所から被告人に送付しています。

　1に記載した趣旨から，翻訳文の作成を依頼された場合には，速やかに翻訳文を作成して提出してください。

　なお，この翻訳料は，通訳人に対する通訳料とは別に，翻訳内容に応じて支給されます。

Q　裁判所から翻訳の依頼があった場合に留意する事項は何ですか。

A　書記官から，翻訳言語，提出期限などを示してお願いしますので，特に提出期限に留意してください。また，担当の書記官の氏名や連絡先を聞いておくと，疑問点が生じた場合に照会するのに便利です。

第3節　法廷通訳の依頼

　要通訳事件では，適格な通訳人を選任することが極めて重要ですが，適格な通訳人であるためには，十分な語学力を有するとともに，中立公正であることが必要です。

　この点，捜査段階で付された通訳人を法廷における通訳人として選任することについては，裁判の公正に対する無

用の疑念を生じさせたり，捜査段階の通訳人の面前では，取調べ時に供述したことに心理的に影響されて，被告人が公判廷で自由に言い分を言えないおそれも考えられることから，法廷通訳には，できる限り捜査段階の通訳人と別の通訳人を選任することが望ましいと考えています。実際にも特段の事情のある場合を除き，別の通訳人を選任する運用がされています。

---

①Q　裁判所から通訳の依頼があった場合に確認しておく事項は何ですか。

　A　①裁判所名，②担当裁判部と書記官の氏名，③電話番号，④通訳言語，⑤事件名，⑥被告人の氏名，⑦公判期日，⑧公判の予定所要時間，⑨弁護人が決まっていればその氏名と連絡先，⑩弁護人の国選，私選の別，⑪公判前整理手続や，即決裁判手続による審理が予定されているか，⑫裁判員の参加する裁判（以下「裁判員裁判」といいます。）であるかどうかなどを確認しておくとよいと思います。また，被告人が複数になると公判時間が長くなるとともに別々の日時に接見に同行することになるため，時間を要することに留意してください。

---

②Q　捜査段階で通訳した事件について法廷通訳を依頼された場合にはどうしたらよいですか。また，捜査段階で共犯者の通訳を行っている場合はどうですか。

A　裁判所は，捜査段階でどのような通訳人が付いたの
かを知らないのが通常です。したがって，まずその旨
を書記官に伝えてください。そのような場合には基本
的には他の通訳人に依頼することになりますが，他に
適格な通訳人の確保が困難な場合には通訳を再度依頼
することもあります。その場合には御協力をお願いし
ます。なお，共犯者の通訳の場合も基本的には同様で
す。

第4節　公判前整理手続

　　公判前整理手続とは，充実した公判審理を集中的・連日
的に行うことを目的として，裁判所が，検察官及び弁護人
の出席のもとで行う非公開の手続をいいます（事案によっ
ては，検察官及び弁護人が出席せず，書面のやりとりによ
って行うこともあります。）。

　　公判前整理手続は，裁判員対象事件では必ず実施されま
すし，それ以外の事件では，裁判所が，充実した審理を集
中的・連日的に行うために必要であると認めた場合に実施
されます。そこでは，①事件の争点は何なのか，②公判に
おいて，どの証拠を，どういった順序で取り調べるのか，
③公判期日をいつ行い，その期日での具体的な進行はどう
するのかなどといったことが決められます。

　　公判前整理手続においては，被告人は，裁判所が特に出
頭を求めない限り，その期日に出頭する義務はありません。
したがって，被告人が期日への出頭を希望せず，裁判所で

も特に出頭を求めない場合には，被告人不出頭のままで行われます。

---

①Q　公判前整理手続で通訳を行うことはありますか。

　A　公判前整理手続期日に日本語を理解しない被告人が出頭する場合には，そこで行われた手続について通訳を行うことになります。なお，被告人が出頭しない公判前整理手続期日について通訳を依頼することはありませんが，期日直前になって被告人が出頭することになった場合には，急に通訳を依頼することもありますので，その場合には御協力をお願いします。

---

②Q　公判前整理手続では，公判審理に比べて，通訳はかなり困難なものになるのではないですか。

　A　公判審理に比べて，難しい手続が行われるわけではありませんが，事案によっては，裁判所と当事者との間で，専門的な法律用語を用いた細かいやりとりがされることもあります。裁判所としても，当事者間のやりとりをある程度裁判官の方で要約した上で通訳をお願いしたり，なるべく通訳しやすいやりとりとなるよう配慮したりしますが，もし，通訳しにくいと感じた場合には，裁判官にその旨伝えてください。また，通訳のやり方について，あらかじめ裁判所と相談しておくことも考えられます。

③Q　公判前整理手続が実施された事件の審理について，通常の事件と異なる点はありますか。

　A　公判前整理手続が実施された事件では，その後の公判期日において，検察官の冒頭陳述の終了後，弁護人の冒頭陳述（弁護側の主張があるとき）及び公判前整理手続の結果を明らかにする手続（64ページの参考例参照）が行われます。

　　また，証拠申請やこれに対する意見の聴取，証拠を取り調べるかどうかなどに関する裁判所の決定は，通常，公判前整理手続で既に行われているため，冒頭陳述や結果顕出の手続が終了した後は，引き続き証拠の取調べが行われます。

第5節　第1回公判期日の指定

　裁判所が公判の期日を指定する際には，あらかじめ通訳人との間で日程の調整を行った上で期日の指定を行っています。

　また，弁護人は，第1回公判期日前（公判前整理手続期日が開かれる場合には，その第1回期日前）に被告人と接見し，日本の刑事裁判手続や起訴状の内容等を説明するとともに，事件について打合せをする必要がありますので，裁判所は，それらに要する日数にも配慮して期日を指定しています。

Q　期日の打合せをする上で留意すべき事項は何ですか。

A 公判後に予定を入れている場合等で時間に制約がある
ときには，「何時から次の予定が入っていますから，何
時までしかできません。」というふうに，具体的に書記
官に伝えてください。また，その期日については通訳を
することが可能な場合でも，その期日の直後から旅行に
出かけるとか，他の仕事の関係などでしばらく法廷通訳
を引き受けられない場合には，「いつからいつまでは引
き受けられません。」ということを，事件の依頼があっ
た際にはっきり伝えてください。

第6節　裁判所と通訳人との連絡及び通訳人の事前準備

　　通訳人として選任されることが決まった場合には，書記
官から，第1回公判期日の通知（公判前整理手続期日に被
告人が出頭する場合には，その期日の通知）がされるとと
もに，当該期日に在廷してほしいという依頼があります。
また，法廷通訳の準備のために，起訴状写しを郵便等で送
付します（公判前整理手続の場合には，当事者から提出さ
れた書面が送付される場合もあります。）。裁判所によって
は，起訴状写しなどとともに，裁判部（裁判官名），書記官
名，裁判部の電話番号，被告人の勾留場所，裁判所の近辺
の地図等の必要事項を記載した事務連絡文書を送付するこ
ともあります。

　　なお，第1回公判期日前には，通訳人の準備のために検
察官が作成した冒頭陳述書又は冒頭陳述メモ，書証の朗読
（要旨の告知）のためのメモ（結審予定の場合には，さらに

検察官作成の論告要旨，弁護人作成の弁論要旨）が交付されるのが一般的です。

---

①Q　法廷通訳の経験のない通訳人の場合，事前の準備としてどのようなことが考えられますか。

　A　事前に他の事件の法廷傍聴をしておくこと，法廷通訳ハンドブックを読むなどして勉強しておくこと，刑事裁判手続を分かりやすく説明した外国人事件用ビデオを裁判所で見せてもらうこと，裁判官又は書記官から手続の説明を受ける機会があればそれも活用することなどにより，刑事裁判手続の流れや法律用語などについて勉強しておくのがよいでしょう。また，冒頭陳述書等をできるだけ早く入手できるように，書記官から検察官や弁護人に伝えてもらうとよいでしょう。さらに，法廷に立ち会う際には，メモ取りの準備をしておくことが不可欠ですし，日ごろから通訳スキルを磨くための様々なトレーニングをしておくことも重要です（第1編第1章③Q＆A（2ページ）参照）。

---

②Q　通訳の準備のために，検察庁に事件の記録を見に行くことはできますか。

　A　公判前の段階では，事件に関する書類は非公開とされていますから，一般的には見ることはできません。

---

③Q　どのような書面が事前に通訳人に交付されています

か。

A　事件によって異なりますが，一般的には，冒頭陳述
書又は冒頭陳述メモ，書証の朗読（要旨の告知）のた
めのメモ，論告要旨，弁論要旨が交付されています。

なお，このように通訳人には準備のため訴訟に関す
る書面が交付されますが，これらの書面は一切他に見
せてはいけません。

④Q　事前に交付された書面によく分からない点がある場
合にはどうしたらよいですか。

A　書面を作成した検察官，弁護人に確認することが望
ましいと思われます。一般的な法律用語の意味の確認
程度であれば，とりあえず書記官に確認するというこ
とでもよいでしょう。

なお，法廷で提出される前の段階では，このような
書面は，裁判所の手元にはないことを承知しておいて
ください。

第7節　弁護人の接見への同行

外国人被告人の場合，日本の裁判制度に対する知識がほ
とんどないことが原因で不安に陥ることが少なくありませ
ん。弁護人はその職務として，起訴後できるだけ早い時期
に被告人と接見し，起訴状の内容を説明して言い分を聴く
とともに，日本の裁判制度等についても十分に説明するこ
とが求められています。

そこで，国選弁護事件においては，裁判所では弁護人に対して，あらかじめ通訳人予定者の氏名，電話番号等を通知し，弁護人が希望すれば通訳人予定者を接見に同行できるように配慮することにしています。

　また，一定の事件については，起訴される前の段階で，被疑者の請求により国選弁護人が選任されることがあります。この場合には，国選弁護人や国選弁護人の候補者の指名等に関する業務を行う日本司法支援センター（法テラス）から，接見への同行を依頼されることがあります。

　したがって，裁判所や国選弁護人等からそのような依頼があれば，御協力をお願いします。

　なお，国選弁護事件において，弁護人の接見に通訳人が同行した場合には，弁護人から報酬や費用の支払を受けることができます。

---

①Q　弁護人の接見に同席した場合に留意すべき事項は何ですか。

　A　被告人から尋ねられても，絶対に自己の氏名や連絡先を教えてはいけません。被告人から理由を尋ねられた場合には，「教えてはいけないことになっています。」と答えてください。

　　また，弁護人にも通訳人の氏名等を被告人に対して紹介することのないよう話をしておくとよいでしょう。

　　さらに，接見の際に，被告人の話し方の癖等を把握しておくと，法廷通訳をする際に役立ちます。

②Q　接見の通訳をした際に，アクセントが強かったり，方言が交じっていたりして被告人の話す言葉が分かりづらかったり，逆に被告人が通訳人の通訳内容を理解していないと思われた場合には，どうしたらよいですか。

A　弁護人にその旨を告げるとともに，書記官にもそのことを伝えてください。コミュニケーションがどの程度取れているのか，取りにくい原因は何かなどを考慮して，裁判官が，被告人にゆっくりあるいは繰り返し話すように促すことでまかなえるかどうか，又は通訳人の交替をしてもらうかなどの措置を検討することになります。

③Q　被告人が他の言語の通訳を希望している場合にはどうしたらよいですか。

A　被告人の希望を書記官に伝えてください。同時に，そのままの言語でも意思疎通が可能である場合にはそのことを伝えるとともに，その程度などについても伝えてください。

④Q　被告人から，裁判の見通しについて尋ねられた場合にはどうすればよいですか。

A　「通訳人はそのような質問に答えてはいけないことになっています。弁護人に相談してください。」と答えるべきです。勝手に見通しを告げることはしないで

ください。

⑤Q　被告人から，家族に手紙を渡してほしいとか，差し
　　入れをするように家族に頼んでほしいというようなこ
　　とを頼まれた場合にはどうしたらよいですか。

　A　「通訳人はそのようなことをしてはいけないことに
　　なっています。弁護人に相談してください。」と答え
　　るべきです。

⑥Q　弁護人から，被告人に差し入れをするよう被告人の
　　家族に頼んでほしいと依頼された場合にはどうしたら
　　よいでしょうか。

　A　自分で依頼の適否について判断するのではなく，
　　「裁判所に確認を取ってからでないとできませんの
　　で，裁判所に依頼の趣旨を伝え，確認を取ってくださ
　　い。」と言ってください。

⑦Q　被疑者段階での接見に同行した場合と，起訴後の接
　　見に同行した場合とで，留意すべき点に違いはありま
　　すか。

　A　基本的には，どちらの接見においても留意点に違い
　　はありません。

　　　ただし，被疑者段階では，事件はまだ裁判所におい
　　て審理すべき状態にあるわけではないので，裁判官や
　　書記官から具体的な指示を受けることはできません。

疑問点が生じた場合には，適宜弁護人に相談して，その指示を受けてください。

⑧Q　接見に同行した後に留意すべき事項がありますか。

A　被疑者や被告人には，接見交通権といって，立会人なくして弁護人と接見する権利が認められています。

そして，通訳人は特別に接見に同行することを許されているのですから，接見の際に交わされた被疑者又は被告人と弁護人とのやりとりを外部に漏らすようなことは，絶対に慎んでください。

このことは，裁判官や書記官に対してであっても同じです。

第4章　公判手続

第1節　法廷通訳一般

①Q　通訳をする際には，直接話法（・・・です。）の形で通訳をすべきでしょうか，間接話法（・・・だそうです。）の形で通訳をすべきでしょうか。

A　話者が話した内容で通訳すべきですから，直接話法の形で通訳してください。

②Q　被告人等が発言しない場合には，通訳人から発言するように促すべきでしょうか。

A　通訳人は法廷で自ら発言することは原則的にない

と心得ておいてください。特に被告人には，黙秘権
がありますから，勝手に発言を促すようなことをし
てはいけません。

③Q　連続して行う通訳時間について希望がある場合に
　　はどうしたらよいですか。また，通訳中に休憩を取
　　りたい場合にはどうしたらよいですか。
　A　裁判所としても，通訳人の負担を考慮して，通訳
　　人が適切に休憩できるよう配慮していますので，要
　　望があれば，事前に書記官に伝えてください。また，
　　通訳人において公判手続中に休憩が必要となった場
　　合には，その場で遠慮なく裁判官や書記官に伝えて
　　ください。

④Q　被告人から不信感を持たれているなどの問題があ
　　ると感じた場合には，どうしたらよいですか。
　A　信頼関係に問題があると感じる場合には，書記官
　　にそのことを伝えてください。不信感の背景には，
　　例えば被告人が日本の裁判制度を誤解していること
　　が原因になっていることもあります。その場合には，
　　裁判官や弁護人から被告人に対し，日本の裁判制度
　　について説明することになります。

⑤Q　法制度，習慣，文化の異なる被告人の通訳を行う
　　に当たって，配慮すべき事項がありますか。

A 法制度や歴史的背景の違い等から，被告人が通訳
人に対し敵対心を持つことや，逆に被告人の言おう
とする本当の意味が分からないことがあると思われ
ます。したがって，法廷通訳を行うに当たっては，
語学的な面だけでなく，その国の文化や法制度等を
理解するよう日ごろから努めてください。

⑥Q 被告人の陳述について，配慮すべきことがありま
すか。特に罪状認否についてはどうですか。

A 裁判所も留意していますが，被告人によっては，
陳述の際，一度にたくさん話し出すことがあります
ので，法廷に入ったらすぐにメモの準備をしておく
ことなどが必要です。

特に罪状認否は重要な手続ですので，慎重に通訳
をする必要があります。被告人がうなずいた場合に
も安易に「はい。」と通訳をするようなことは避けて
ください。

⑦Q 被告人が，弁護人の接見の際と異なることを述べ
た場合にはどうすればよいですか。

A 証拠となるのは，公判廷での発言ですから，接見
の際の内容にかかわらず忠実に通訳すべきです。こ
の場合には，接見の際の被告人の発言に影響される
ようなことがあってはいけません。

⑧Q　書面を事前に交付された場合には，どのようなことに留意したらよいですか。

　A　分からない法律用語，読めない地名，人名等がある場合には早めに尋ねておく必要があります。書証の要旨の告知のために証拠等関係カードが交付されている場合には，略語表（185ページ参照）で書証の表題を確認しておくとよいでしょう。

　　　ただ，事件の進行によっては，事前に交付された書面の内容が変更されることがありますので，柔軟に対応する必要があります。

第2節　開廷前の準備

　開廷前には，裁判官又は書記官と通訳人との間で，その期日に予定された手続を確認するとともに，必要な書類や送付した書類等が手元に届いているかどうか確認することもあります。この際に書類の中に分からない用語がある場合には，説明を求めるとよいでしょう。

　なお，通訳人には守秘義務がありますから，これらの書類の取扱いには細心の注意を払ってください。

①Q　開廷前に準備しておく必要のあるものは何ですか。

　A　早めに書記官室へ行って（直接法廷に行くように言われる場合もあります。），宣誓書の署名，出頭カードの記載，報酬関係の書類への記載をする必要があります。印鑑を持っている方は，このときに使いますの

で，印鑑を持参してください。

②Q　開廷前の時間はどのように過ごすとよいでしょうか。
　A　早めに法廷に行って，自分の座る位置を確認し，メ
　　　モや起訴状等の書面を通訳する順序に重ねておくなど
　　　の準備をしておくと落ち着いて通訳できるでしょう。
　　　　なお，開廷前に勝手に被告人や被告人の関係者と話
　　　をしないようにしてください。

第3節　公判廷での手続

1　通訳人の宣誓等

　　まず，裁判官が，通訳人が本人であるか否かを確認する手
続（人定尋問）を行います。

　　続いて，宣誓していただきます。宣誓書を手に持って，声
を出して読んでください。宣誓する場所については，裁判官
の指示に従ってください。

Q　通訳人の宣誓の際に氏名や住所等を言いたくない場合に
　はどうすればよいですか。
A　勾留質問の際と同様，あらかじめ人定事項を記載した書
　面をもとに，裁判官が「このカードに記載されているとお
　りですね。」と尋ねるのが一般的です。
　　念のため，事前に書記官にその旨を伝えておいてくださ
　い。

2 被告人に対する宣誓手続等についての説明

裁判官の指示に従って，被告人に対し，自分がこの裁判において裁判所から通訳を命じられたこと，そして誠実に通訳することを宣誓した旨を告げてください。

なお，これ以降は，着席のまま通訳していただいて差し支えありません。

3 被告人の人定質問

裁判官は，被告人に対して，証言台の前に進み出るよう命じ，氏名，生年月日，国籍，日本における住居及び職業等を尋ねます。

4 起訴状朗読

検察官が起訴状記載の公訴事実，罪名及び罰条を朗読します。

なお，性犯罪等の事件については，起訴状に記載されている被害者の氏名や住所などの被害者を特定させる事項を法廷において明らかにしない旨の決定（以下「被害者特定事項の秘匿決定」といいます。）がされることがあります。

また，被害者特定事項の秘匿決定がなされていなくても，被害者や年少者に対する配慮として特定事項を明らかにしない措置が行われることもあります。

これらの場合には，起訴状に記載されている被害者の氏名や住所等は明らかにされず，「被害者に対し」であるとか，「○○市内の被害者方において」などと朗読されますので，誤って被害者特定事項を通訳することのないよう注意してください。

①Q　起訴状につき，外国語に的確な訳語がない場合はどの
　　ようにすればよいですか。
　A　起訴状朗読では，起訴状に記載されている内容を忠実
　　に通訳する必要がありますが，中にはぴったりと当ては
　　まる訳語がない場合もあります。そのような場合には，
　　説明を付加して訳さざるを得ないことになります。用語
　　の意味内容について不安がある場合には，事前に書記官
　　に相談してください。

②Q　被害者特定事項の秘匿決定がされた場合には，検察官
　　が朗読したとおりに通訳すべきですか。それとも，起訴
　　状に記載されている内容のとおり通訳すべきですか。
　A　必ず検察官が朗読したとおりに通訳してください。被
　　告人には，起訴状朗読後に起訴状及び起訴状概要の翻訳
　　文が示されますので，朗読されなかった部分を通訳する
　　必要はありません。

5　黙秘権の告知
　　裁判官が被告人に対し，黙秘権を告知します。

6　事件に対する被告人の陳述
　　裁判官が被告人に対し，公訴事実についての認否を尋ねま
す。

7　弁護人の意見
　　裁判官が，公訴事実について，弁護人に意見を求めます。
これが終わると，被告人は，裁判官の指示で着席します。

8 ワイヤレス通訳システムの利用

ワイヤレス通訳システムとは，送信機を装着した通訳人が小声で通訳を行い，それを受信機のイヤホンを通じて被告人に伝える装置です。公判廷における日本語での発言のうち，事前に通訳人に書面が交付された手続部分について，日本語での発言に並行して，あらかじめ準備した通訳内容を伝える形で同時進行的な通訳ができるようにするものです。したがって，このシステムはいわゆる同時通訳とは異なるものです。

これにより，手続を中断することなく，被告人に通訳内容を伝えることができることになるため，審理時間の短縮，ひいては通訳人の負担の軽減を図ることができます。

このシステムは，法廷では次のように運用されています。

(1) 通訳人が送信機を，被告人が受信機を，それぞれ使用する。

(2) 冒頭陳述，書証の要旨の告知，論告，弁論などのように，検察官又は弁護人があらかじめ準備し，通訳人に交付してあった書面を法廷においてそのまま朗読する手続に使用し，起訴状朗読，証人尋問，被告人質問及び判決宣告には使用しない。

---

①Q ワイヤレス通訳システムを利用する場合に，通訳人として留意すべき事項は何ですか。

A まず，事前に交付された書面の内容を通訳できるように十分に準備をしておく必要があります。

また，被告人がワイヤレス通訳システムの使用を拒

んでいるときは，その旨裁判所に伝えてください。

　　当該機器はささやくような声で話をしても被告人に
聞こえるようになっています。できる限り声を落とし
て通訳してください。

②Q　ワイヤレス通訳システムを使用する際には，検察官
や弁護人が書面を読む速度に合わせて該当部分を通訳
すべきですか。

　A　書面の内容を通訳するわけですから，検察官や弁護
人が書面を読む速度に合わせる必要はありません。む
しろ，被告人に書面の内容を理解させる速度で通訳を
することが重要です。

9　証拠調べ手続

(1)　冒頭陳述

　　「この裁判で検察官が証拠により証明しようとする事実
は，以下のとおりである。」などと告げた後，検察官が冒頭
陳述を行います。

　　なお，弁護側の主張があるときには，検察官の冒頭陳述
の後に弁護人の冒頭陳述が行われ，公判前整理手続が実施
された場合には，引き続き公判前整理手続の結果を明らか
にする手続が行われます（64ページの参考例参照）。この
場合，証拠申請等に関する以下の(2)から(4)の手続は，通常，
公判前整理手続の中で既に行われているため，この後は(5)
の証拠の取調べが行われることになります。

> Q 冒頭陳述は一括して通訳するのでしょうか，それとも
> 一文ごとに区切って通訳するのでしょうか。
> A ワイヤレス通訳システムを利用して一括して通訳する
> 場合が多いと思われますが，書面が事前に交付されてい
> ないような場合には，一文ごとに通訳をすることもあり
> ます。

(2) 検察官からの証拠申請

　通常，冒頭陳述に引き続いて検察官が「以上の事実を立
証するため証拠等関係カード記載の証拠を申請します。」な
どと述べます。

(3) 検察官の証拠申請に対する弁護人の意見

　検察官の証拠申請に対して，弁護人が同意，不同意など
の意見を述べます。同意，不同意という言葉は通常の日本
語の意味とは異なる意味を持つものですから，その意味を
しっかりと理解しておく必要があります。

　また，この際に具体的な事実を示して，信用性がないと
か，違法収集証拠であるというような主張がされることも
ありますので，メモを取る準備をしておく必要があります。

(4) 裁判所の証拠採否（証拠を採用するか却下するか）の決
定

　弁護人の同意がない限り，原則として証拠書類について
は，証拠調べをすることはできません。裁判所は，弁護人
が同意した証拠書類について，必要性や相当性を判断した
上，証拠として取り調べることを決定します。弁護人が不
、

同意とした証拠については，それに代えて，証人尋問の請求がされることもあります。

(5) 採用された証拠の取調べ

ア 証拠書類の内容の要旨の告知（又は朗読）

交付された証拠等関係カードのうち採用された証拠書類については，検察官が要旨の告知（又は朗読）をするので，その順に，その内容を通訳してください。

イ 証拠物の展示

証拠物の取調べは，検察官が採用された証拠物を法廷で示すことによって行いますが，このとき被告人に対する質問をする場合があります。すなわち，被告人が，裁判官の指示により証言台に進み出た後，検察官は被告人に対し，「検察官請求証拠番号○○番の・・・・を示す。」と述べ，「あなたは，この・・・・に見覚えがありますか。これはあなたの物ですか。」などと質問します。

(6) 証人尋問

ア 証人の宣誓及び虚偽の証言に対する注意

証人が宣誓した後，裁判官から証人に対して，虚偽の証言をすると偽証罪で処罰される旨の告知があります。

イ 通訳の方法

(ア) 外国語を使用する証人の場合

a 被告人と同じ言語の場合

日本語の尋問→通訳→証人の供述→通訳の順に行います。

b　被告人と異なる言語の場合（次の 2 通りがありま
　　　す。）
　　(a)　日本語の尋問→証人に対する尋問の通訳→被告
　　　人のための尋問の通訳→証人の供述→日本語への
　　　通訳→被告人のための供述の通訳の順に行う方法
　　(b)　日本語の尋問→証人に対する尋問の通訳→証人
　　　の供述→日本語への通訳→被告人のための尋問と
　　　供述の通訳の順に行う方法
　　　　(a)の方法が原則ですが，この方法では，通訳の
　　　間に，証人が質問の内容を忘れてしまうことなど
　　　もありますので，これに代えて，(b)の方法を採る
　　　こともあります。
　(イ)　日本語を使用する証人の場合（次の 2 通りがありま
　　す。）
　　a　日本語の尋問→通訳→証人の供述→通訳の順に行
　　　う方法
　　b　日本語の尋問→証人の供述→尋問と供述の通訳を
　　　行う方法
　　　　aの方法が原則ですが，前記(ア)bと同じ理由でb
　　　の方法を採ることも多いようです。
　　　　なお，情状証人の場合には，ある程度尋問と供述
　　　を続けた後，裁判官が通訳人に供述の要旨を告知し，
　　　まとめて通訳してもらうこともあります。
　ウ　証人の不安や緊張等を緩和するための措置
　　犯罪によって被害を受けた方等が証人として証言する

場合，不安や緊張を緩和するため，次のような措置をとることが認められています。

㋐　証言をする際，家族等に付き添ってもらうことができます（付添い）。

㋑　証人と被告人や傍聴席との間につい立てなどを置き，被告人や傍聴席の視線を気にせず証言することができます（遮へい）。

㋒　事件によっては，法廷とテレビ回線で結ばれた別室で証言することもできます（ビデオリンク）。

　なお，遮へいの措置をとった際に，被告人の様子が見えにくく，通訳をするに当たって支障がある場合には，裁判官に申し出てください。被告人の着席位置を変更したり，つい立ての位置を調整するなど，裁判官が適宜判断し，対処することになります。

エ　証人等特定事項の秘匿

　証人，鑑定人，通訳人又は翻訳人に加害行為等がなされる恐れがある場合には，その氏名や住所などの特定事項（以下「証人等特定事項」という。）を被告人側に明らかにしない措置がされることがありますので，その場合には，誤って証人等特定事項を通訳することのないよう注意してください。

①Q　質問とそれに対する答えがちぐはぐになった場合には，答えをそのまま訳すべきですか，それとも，もう一度聞き直すべきですか。

A　ちぐはぐのまま通訳してください。気になるよう
　なら裁判官に，「かみ合っていませんけれども通訳
　としてはそのまま伝えます。」と告げるとよいでし
　ょう。

②Q　質問の意味が不明瞭であったり，同音異義語でど
　ちらの意味かはっきりしないような場合にはどうす
　ればよいのですか。
A　裁判官の許可を得て確認すべきです。

③Q　証人の発言等について，重要でないと思われる部
　分については通訳を省略してよいですか。
A　省略してはいけません。できる限り忠実に通訳し
　てください。一部を省略したり内容をまとめたりす
　ることはしないでください。

④Q　証人尋問の通訳を行う際には，どのような態度で
　行えばよいですか。
A　証人に対して中立な立場で接し，その証言等に対
　して，仮に不信や同情等を感じても，表情に出さな
　いようにしてください。

⑤Q　証人があいまいな返事をしたり，証言をしている
　途中で，言い直しをした場合には，どのように通訳
　すべきですか。

A　そのまま通訳をすべきです。内容を明確にさせる
　　ためや供述の矛盾を整理するため聞き直して供述を
　　引き出したり，通訳人が勝手に解釈して断定的な通
　　訳をしてはいけません。

⑥Q　証人の答えが長すぎて通訳しにくい場合には，ど
　　うしたらよいですか。

A　手を上げるなどして，裁判官に答えが長すぎて通
　　訳しにくいことを伝えてください。そうすれば，裁
　　判官が答えを一文ずつ区切って通訳するように指示
　　したり，尋問者に対して問いを工夫してもらうよう
　　指示するなど，適宜判断し，対応してくれます。

⑦Q　証言の内容が高度に専門的，技術的であるなどの
　　理由により，そのまま通訳をすることに無理がある
　　と感じた場合には，どうしたらよいですか。

A　直ちにそのことを裁判官に告げてください。分か
　　る部分だけを通訳するようなことは，しないでくだ
　　さい。
　　　可能であれば平易な内容に証言をし直してもらう
　　などの措置を採ることになります。

⑧Q　証人との間で，アクセントや方言のためにコミュ
　　ニケーションが取りづらいときには，どうしたらよ
　　いですか。

A　直ちにそのことを裁判官に告げて，指示を待って
ください。程度にもよりますが，ゆっくり証言させ
たり，繰り返し証言することにより手当てができる
のであれば，そのような方法を採ることになります。

⑨Q　通訳をする際には，発言者の表現を忠実に再現す
るべきですか。
A　発言者と同じ表現を使ってください。例えば丁寧
語を用いるなどして表現方法を改めるようなことは
しないでください。

⑩Q　証言の途中で，例えば大きさや高さや量を示すた
めに，証人が身振り手振りをした場合には，身振り
手振りも含めて通訳すべきですか。
A　言葉だけを通訳すればよく，身振り等を繰り返す
必要はありません。

⑪Q　答えが聞き取れないなどの理由により，答えを繰
り返してほしいと思ったときはどうすべきですか。
A　裁判官に，「聞き取れませんでしたので，証人に
答えを繰り返すように頼んでもいいですか。」と断
ってから頼んでください。

⑫Q　尋問に対して異議が出された場合には，どのよう
にしたらよいですか。

A　異議に対する意見，判断などの一連のやりとりを
逐一通訳するのか，あるいは，やりとりが終わった
後に裁判官が通訳すべき範囲をまとめて，それに従
って通訳するのかなど，裁判官の指示に従って対応
してください。ただ，一連のやりとりは，メモに取
っておくとよいでしょう。

⑬Q　証言中の語句，言い回し等を理解できない場合や，
通訳できない場合にはどうしたらよいですか。
A　証言の繰り返しや別の言葉での表現を頼んでよい
かについて裁判官の許可を得てください。

⑭Q　証人等が人数や性別がはっきりしない代名詞を使
った場合には，どうしたらよいですか。
A　そのために完全な通訳ができないことを裁判官に
告げて，その部分をはっきりさせるように質問して
よいかどうかの許可を得てください。

⑮Q　質問者が名前や数字を間違って質問している場合
でもそのまま通訳すべきですか。
A　そのまま通訳すべきです。誤りの指摘や訂正につ
いても裁判官や検察官，弁護人に任せてください。
　　ただ，明らかに誤解に基づく場合で，だれも気が
付いていないと思われるときには，その旨を裁判官
に指摘してください。

⑯Q　通訳に関し，正確性について疑問がある旨の指摘
　　を受けた場合にはどうしたらよいですか。
　A　裁判官の指示を待ってください。裁判官の許可が
　　あるまで，正確性について自分の意見を述べるのは
　　差し控えてください。通常，裁判官は，問題とされ
　　た供述等を引き出す発問からやり直してもらい，あ
　　るいは発問の仕方を変えて平易な表現でその点を聞
　　き直させることにより処理する場合が多いと思われ
　　ます。

⑰Q　質問や発言の中に寸法や重量，外国通貨の量が含
　　まれている場合には，日本のそれらのものに換算す
　　べきですか。
　A　自分で換算する必要はありません。換算は，基本
　　的には裁判官，検察官又は弁護人が行います。
　　　暦についても一度そのまま通訳してください。そ
　　の後，換算に関するやりとりがあった場合にはそれ
　　を通訳し，また，裁判官から西暦等に換算した上で
　　通訳するように指示された場合には，それに従って
　　ください。

⑱Q　図面を利用した尋問等の場合に，留意する事項は
　　何ですか。
　A　被告人が「ここ。」とか「あそこ。」と発言した
　　場合でもそのとおり通訳する必要があります。また，

複雑な尋問の場合には，書記官に頼んで図面の写しを準備してもらうとよいでしょう。

⑲Q　仲間うちでだけ用いられる特殊な用語が使用された場合には，通常の言葉に直して通訳すべきですか。

A　そのまま通訳する必要があります。そして，必要があれば裁判官等が続けて質問しますので，それを待つべきです。

⑳Q　鑑定証人の尋問の場合に留意すべき事項は何ですか。

A　難しい専門用語を通訳する必要がありますので，あらかじめ尋問の際に使用すると思われる用語については調べておく必要があります。また，尋問の中に理解できない言葉がある場合には，遠慮なく申し出てください。専門用語を調べる時間が必要な場合には，その旨申し出てもよいでしょう。

10　被告人質問

被告人は，宣誓することはありません。なお，通訳は，日本語の質問→通訳→被告人の供述→通訳の順序で行うのが一般的です。

①Q　被告人が質問の内容を理解していないと思われる場合にはどうしたらよいですか。

A　通訳人の判断で被告人に説明したりせず，よく理解できていないということを裁判官に告げてください。

②Q　被告人が個人的に話しかけてきた場合にはどうすべきですか。

A　会話に応じないで，身振りなどで，会話はできないことを示してください。実際に話しかけられた場合は，その内容を裁判官に伝えてください。

11　論告

　検察官の事件に関する最終的な意見が述べられます。検察官から事前に「論告要旨」と題する書面（ただし，求刑部分を空欄としたもの）が交付されるのが一般的です。書面が交付されている場合には，検察官の意見陳述後に，この書面に基づいて通訳してください。また，この場合には，ワイヤレス通訳システムを利用することが多いと思われます。

　なお，被告人が求刑の意味を理解していない場合には，裁判官が補足説明をすることがあり，その場合には，それを通訳することになります。

Q　論告の際に留意する事項は何ですか。

A　求刑は，あくまでも検察官の意見ですが，判決を宣告されたと誤解する被告人も多いです。通訳人の方もこの点についてはよく理解しておいてください。

　なお，論告要旨が事前に交付される場合でも，求刑のと

ころは空欄になっている場合がほとんどです。したがって，求刑についてはその場で検察官が述べた内容を正確に聞き取り，通訳するようにしてください。聞き漏らした場合には，検察官に確認してください。

12　弁護人による弁論

　弁護人の事件に関する最終的な意見が述べられます。弁護人からあらかじめ「弁論要旨」又は「弁論メモ」と題する書面が通訳人に交付され，通訳はこれに基づいて行うのが一般的です。弁論要旨等を事前に交付してある場合には，ワイヤレス通訳システムを使用することが多いと思われます。

　弁護人が，弁論要旨等を事前に準備していないときは，弁護人は通訳できるよう適当な範囲で区切って弁論し，通訳人は順次通訳する運用になることが多いと思われます。

Q　ワイヤレス通訳システムを使用する論告・弁論の手続で，検察官が被告人の弁解内容に対応して，事前に交付した論告要旨の書面の内容を一部訂正，追加したり，弁護人が論告の内容に対応して弁論要旨の内容を同様に変更した場合にはどうしたらよいですか。

A　検察官又は弁護人が訂正，追加した部分を通訳人に指摘しますので，それに基づいて通訳することになります。

13　被告人の最終陳述

　裁判官が，被告人に対し，「これで審理を終えますが，最

後に何か言いたいことがありますか。」などと尋ねます。被告人は，証言台に進み出て陳述する場合がありますので，その内容を通訳してください。

14 次回期日の指定

　裁判官が次回期日を指定しますので，その期日と，次回期日に何を行うかについて，裁判官の説明したことを通訳してください。被告人の最終陳述が終わっていれば，次回期日には判決が言い渡されることになります。

　続行期日，判決宣告期日を指定する際には，通訳人と調整して期日を指定することになります。特に，継続して開廷する場合には，通訳人との関係で期日を一括指定することもありますから，自分の都合を何か月か先まで正確に把握しておく必要があります。

15 判決宣告の手続

　判決宣告の手続については，法廷通訳参考例（82ページ）を参考にしてください。

　判決書の内容は事前に外部に漏れると困りますので，当日までは見ることができません。ただ，判決を正確に通訳できるようにするため，通訳人用の判決要旨，判決写しを作成し，裁判所によっては，これを判決宣告期日の開廷10分ないし30分くらい前に通訳人に交付し，事前に目を通してもらうといった運用もされています。この場合に，判決要旨等を交付した後は書記官室から出ないようにしてもらっているようです。裁判所がどのような方法を採っているのかを確認するとよいでしょう。また，判決の要旨等がないと通訳に不安が

ある場合には，あらかじめ書記官にその旨を申し出るとよい
でしょう。

いずれにしても，判決宣告期日には少し余裕をもって裁判
所に行くとよいでしょう。

なお，判決宣告手続にはワイヤレス通訳システムは使用し
ない取扱いです。

---

①Q　判決宣告期日の公判に要する時間は，どれくらいを予
　　定しておけばよいですか。

　A　事件によって異なりますので，裁判官にどの程度時間
　　を取っておけばよいか確認してください。

　　　一般的には，被告人が否認している事件は，自白事件
　　よりも時間を要することになります。

　　　さらに，判決宣告期日に弁論を再開して証拠調べ等を
　　行うこともありますので，注意してください。

---

②Q　刑の全部の執行猶予，刑の一部の執行猶予の説明を通
　　訳する際に留意すべき事項は何ですか。

　A　刑の全部の執行猶予，刑の一部の執行猶予の説明は，
　　被告人には分かりにくい面がありますので，裁判官もで
　　きるだけ分かりやすい説明をするように心掛けています
　　（84，86ページの参考例参照）。それでも被告人が理解し
　　ていないと思われる場合には，裁判官にそのことを告げ
　　てください。

③Q　未決勾留日数の刑への算入の説明を通訳する際に留意
　　すべき事項は何ですか。

　A　未決勾留日数の刑への算入の説明も被告人には分かり
　　にくいようですので，裁判官は分かりやすい説明を心掛
　　けています（86ページの参考例参照）。通訳人におい
　　ても書記官に尋ねるなどして内容をよく理解しておいて
　　ください。

16　上訴期間等の告知

　　有罪の判決の場合には，裁判官は被告人に対して上訴期間
及び上訴申立書を差し出すべき裁判所を告知します。

17　即決裁判手続

　　即決裁判手続とは，争いのない明白軽微な一定の事件につい
て，検察官からの申立てにより，裁判所が決定に基づいて行
う手続です。この手続には，①起訴されてから公判期日まで
の期間が短いこと（できる限り，起訴後14日以内の日に公
判期日を指定することとされています。），②一般の公判手続
と比べ，簡略な方法で証拠調べが行われること，③原則として，
即日判決が言い渡され，その判決において懲役又は禁錮の言
渡しをする場合には，必ずその刑の執行が猶予されることな
どの特徴があります。

　Q　即決裁判手続において留意すべき事項は何ですか。

　A　通常の事件と比べ，起訴されてから公判期日までの期間
　　が短いことから，事案によっては，通訳の依頼が期日の直

近になることがあります。その場合には，御協力をお願い
します。

　また，公判期日において交わされるやりとりについて，
通常の手続とは一部異なる部分があります（74ページ
の参考例参照）。このほか，原則として即日判決が言い渡
されるため，判決宣告の通訳の準備をどうするのかを含め，
あらかじめ書記官等に手続の流れを確認しておくとよいと
思われます。

第4節　裁判員裁判

　裁判員裁判においては，一般の国民の中から選ばれた裁
判員が裁判官とともに審理に参加することから，その審理
は集中的・連日的に行われます。これを可能とするために，
すべての事件において必ず公判前整理手続が実施され，こ
の中で事前に争点や証拠の整理等が行われます。

　また，法廷での審理内容を裁判員にも分かりやすいもの
にするため，法廷内で使用される法律用語は，一般の人に
も分かるような言葉に言い換えられたり，冒頭陳述等にお
いてプレゼンテーションソフトが用いられる例もあります。
さらに，証拠調べにおいても，供述調書等は全文朗読又は
限りなくこれに近い要旨の告知の方法によって取り調べら
れているほか，証人に法廷で直接証言してもらうことも増
えています。なお，プレゼンテーションソフトが用いられ
る場合には，示された文書や画像などの内容をスムーズに
通訳することができるように，事前に裁判所や訴訟関係人

と打合せをしておくとよいでしょう。

①Q　連日的開廷が行われる場合，通訳人の負担はかなり
　　重くなるのではないでしょうか。
　A　裁判員裁判における尋問は，従来よりも争点に即し
　　た，簡にして要を得たものとなりますし，また，裁判
　　員の疲労や負担にも配慮して，これまでよりも頻繁に，
　　相応の時間の休憩が取られることになります。したが
　　って，一概に通訳人の負担が重くなるということはあ
　　りません。

②Q　裁判員裁判を担当するにあたり，事前に裁判所と打
　　合せをしておく必要はありますか。
　A　連日的開廷により，肉体的，精神的疲労が蓄積して
　　一人で通訳をすることが困難と予想される場合や，日
　　程の都合がつかず，一部の期日に出頭できない場合な
　　どには，事前に裁判所に申し出てください。審理中の
　　休憩の取り方や，場合によっては，通訳人を複数選任
　　することなどについて，裁判所が，通訳人の意向も考
　　慮しつつ，個別に判断させていただくことになります。

③Q　公判期日までの準備事項で，これまでと異なる点は
　　ありますか。
　A　裁判員裁判では，供述調書等は全文朗読又は限りな
　　くこれに近い要旨の告知の方法によって取り調べられ

ることになります。その通訳の準備のため，あらかじめ訴訟関係人から通訳人に資料が交付されることがありますので，それを基に準備しておくとよいでしょう。受け取った書類については，絶対に他人の目に触れることのないよう細心の注意を払うようにしてください。

第5節　被害者参加

　殺人，傷害，過失運転致死傷等の一定の刑事事件の被害者や遺族の方等が，裁判所の許可を得て，被害者参加人として刑事裁判に参加し，検察官との間で密接なコミュニケーションを保ちつつ，一定の要件の下で，公判期日に出席するとともに，証人尋問，被告人質問及び事実又は法律の適用についての意見の陳述を行うことができる制度です。

　なお，被害者参加人が日本語に通じない場合にも，通訳をお願いすることになります。

①Q　被害者参加人が発言するのは，具体的にはどのような場面ですか。

A　情状に関する証人の供述の証明力を争うために必要な事項について証人を尋問する場面，被害者参加人が意見を述べるため必要と認められる場合に被告人に質問をする場面，事実又は法律の適用について意見を述べる場面などがあげられます。なお，被害者参加人が出席する際にも，付添い，遮へいの措置が認められています（28ページ9（6）証人尋問ウ(ア)(イ)参照）。

②Q　被害者参加人が意見陳述を行う場合，どのように通訳をすればよいですか。

　A　一文ずつ区切って通訳を行うか，陳述後にまとめて通訳を行うかなど，通訳の方法については，あらかじめ裁判所と相談しておくとよいでしょう。なお，意見陳述が長くなる場合には，被害者参加人が事前に準備していた読み上げ書面に基づいて通訳をしていただく場合もあります。

③Q　被告人から，どうして被害者等が法廷に立ち会っているのかと尋ねられた場合，どのように対応すればいいですか。

　A　そのような場合には，通訳人の判断で被告人に説明したりせず，裁判官に対してその旨を伝え，指示に従ってください。

第5章　その他の留意事項

①Q　判決宣告直後に，弁護人から，被告人に判決の内容やその後の手続について説明をするための通訳を依頼された場合はどうしたらよいですか。

　A　そのような説明が必要となる場合もありますので，依頼された場合にはよろしくお願いします。

②Q　弁護人以外の者から，被告人と接見等をする際の通

訳を依頼された場合にはどうしたらよいですか。

A　公正さに疑いを持たれる行為ですから，断ってください。

③Q　弁護人から上申書等の翻訳を依頼された場合にはどうしたらよいですか。また，その場合の報酬はどのようになりますか。

A　弁護活動を行う際に使用される一定の書面について，国選弁護人からの依頼に基づいて翻訳を行った場合には，弁護人から報酬の支払を受けることができます。依頼を引き受けるに当たっては，事前に報酬等について弁護人から説明を受けておくとよいでしょう。

④Q　通訳費用の負担について被告人から尋ねられたらどうしたらよいですか。

A　弁護人に尋ねるよう告げてください。ちなみに通訳にかかった費用については，裁判実務では被告人に負担させない運用が定着しています。

⑤Q　判決宣告により終了した事件の関係書類はどうしたらよいですか。

A　まず，判決要旨は，宣告後すぐに裁判所に返還してください。その他の書類については，裁判所から返還を求められなければ，処分して差し支えありませんが，書類が他人の目に触れないように，処分方法には十分に注意してください。

第2編

控訴審における刑事手続の概要

第2編　控訴審における刑事手続の概要

第1章　控訴審とは

1　上訴制度

　　上訴とは，未確定の裁判に対して，上級裁判所の審判による救済を求める不服申立ての制度です。

　　第一審の判決に不服がある場合には，訴訟当事者は，事実誤認，訴訟手続の法令違反，法令適用の誤り，量刑不当などを理由として，高等裁判所に対して上訴（控訴といいます。）することができます。控訴審の裁判所は，第一審が地方裁判所又は簡易裁判所のいかんにかかわらず高等裁判所です。控訴審では合議体で裁判を行います。

　　控訴審の判決に不服がある場合には，最高裁判所に上訴（上告といいます。）することができます。

2　控訴審の役割

　　控訴審では，申立人の指摘する控訴理由を中心に，第一審判決の当否を審査することが直接の目的とされます。審理の結果，第一審判決を維持すべきであれば控訴棄却，第一審判決を取り消す必要があれば原判決破棄となります。原判決破棄の場合には，第一審裁判所に事件を差し戻し，又は移送するときと，控訴審の裁判所が自ら事件について判決をし直すときとがあります。

第2章　控訴の申立て等

1　控訴の提起期間

控訴の申立てのできる期間は，14日以内と規定されています。この期間は，第一審判決の宣告のあった日の翌日から起算されます。

2　申立ての方式

第一審の判決（原判決ともいいます。）に対して控訴する場合には，当事者は控訴申立書を第一審の裁判所（原裁判所ともいいます。）に提出して行います。

控訴の申立てがあったとき，第一審裁判所は，速やかに訴訟記録及び証拠物を控訴裁判所に送付します。

3　上訴の放棄

上訴の放棄とは，上訴の提起期間満了前に，上訴する権利を放棄することですが，死刑，無期懲役及び無期禁錮のような重大な刑に処せられた判決に対しては上訴を放棄することはできません。

なお，上訴を放棄した者は，上訴の提起期間内であっても更に上訴を提起することはできません。

4　上訴の取下げ

上訴の取下げは，上訴審の判決があるまですることができます。

なお，上訴を取り下げた者は，上訴の提起期間内であっても更に上訴を提起することはできません。

第3章　控訴審の手続
第1節　控訴審の第1回公判期日までの手続
1　弁護人選任に関する手続

弁護人は審級ごとに選任しなければなりません。したがっ
て，第一審において弁護人を選任していた場合であっても，
控訴を申し立てた被告人は，控訴審でも弁護人を選任しよう
とする場合には，改めて裁判所に弁護人選任書を提出しなけ
ればなりません。裁判所の行う弁護人選任照会，国選弁護人
選任の手続等については第一審の場合と同様です。照会書に
ついては，高等裁判所の依頼に基づいて，第一審裁判所にお
いて送付するという取扱いが実務においてされています。

2　通訳人の選任に関する手続

　通訳人の選任については，第一審の場合と同様です。

3　被告人の移送

　控訴審において，被告人が勾留されている事件の公判期日
を指定するときは，その旨を検察官に通知しなければなりま
せん。通知を受けた検察官は，被告人の身柄を，速やかに控
訴審裁判所の所在地にある拘置所に移送します。

　これは，被告人が控訴審の公判に備えて，弁護人との打合
せ等の準備をしたり，自ら公判廷に出頭したりする際の便宜
等のためです。

4　控訴趣意書の提出

　控訴趣意書とは，控訴の申立てをした者が控訴審に対して
自己の主張である控訴理由を簡潔に指摘した書面です。控訴
趣意書は，被告人自身で書いて差し出すことも法律上はでき
ますが，通常は，弁護人が被告人のために作成して差し出し
ています。

　なお，控訴の申立ての理由は，控訴趣意書に記載すればよ

く，必ずしも控訴申立書に記載する必要はありません。

　控訴審裁判所は，控訴趣意書を受け取ったときは，速やかにその謄本を相手方に送達しなければなりません。

＊控訴理由の限定

　　控訴の理由は，刑訴法に定められており，それ以外の事由を控訴理由とすることはできません。控訴の理由としては量刑不当が最も多く，事実誤認がこれに次ぎ，訴訟手続の法令違反，法令の適用の誤りもよく見られます。

＊控訴趣意書差出最終日の指定

　　裁判所は，控訴趣意書につき，期間を定めて提出を促します。その期間は，控訴趣意書差出最終日指定通知書を控訴申立人に送付することによって通知します。

5　答弁書の提出

　答弁書は，控訴趣意書に対する相手方の意見を記載したもので，書面により控訴審裁判所に差し出すものです。

6　第 1 回公判期日の指定と被告人の召喚

　控訴審においては，被告人は，裁判所が特に出頭を命じた場合以外は公判期日に出頭する義務はありません。しかし，公判期日に出頭し，自ら防御権を行使する権利は保障する必要がありますので，期日が指定されたときは，実務上，被告人に対して公判期日召喚状による召喚の手続がとられています。実際にも，被告人が出頭するケースが圧倒的に多いとされています。

＊被告人に対する出頭命令

　　裁判所は，５０万円以下の罰金又は科料に当たる事件

以外の事件について，被告人の出頭がその権利の保護のため重要であると認めるときは，被告人の出頭を命ずることができます。この出頭命令があると，被告人は，公判期日に出頭する義務が課せられることになります。

第2節　控訴審における公判審理

1　概要

控訴審の公判審理は，まず第1回公判期日で，控訴を申し立てた当事者から控訴趣意書に基づく弁論がなされ，これに対する相手方の答弁があります。必要がある場合は請求又は職権により事実の取調べが実施されます。

事実の取調べが終了すると，当事者の請求により事実の取調べの結果に基づき弁論をすることができます。

弁論が終結されると，判決宣告期日が指定されて，その期日に判決が宣告されます。

＊被告人の弁論能力の制限

裁判所が被告人質問を採用したときには，被告人は訴訟関係人の質問に対して任意の供述はできますが，弁論をすることはできないとされています。したがって，被告人のためにする弁論は，弁護人でなければこれをすることができません。

2　公判期日の手続の流れ

(1)　通訳人の人定尋問と宣誓

第一審と同様の手続で行われます。

(2)　被告人の人定質問

控訴審では，人定質問は必要的なものではなく，出頭し

た場合でも適宜の方法で人違いでないことを調べれば足りるとされています。実務では，被告人が出頭したときは，人定質問がなされるのが通例です。なお，控訴審でも「被告人」と呼ばれることは第一審と同じです。

人定質問がされる場合は，第一審と同様に，裁判長が被告人に対し，氏名，生年月日，国籍，日本における住居及び職業等を尋ねます。

　＊黙秘権の告知

　　控訴審では，黙秘権の告知は必要的ではありませんが，行われることもあります。また，事実の取調べとして被告人質問をする場合に，その実施前に告知することもあります。

(3)　控訴趣意書に基づく弁論

検察官及び弁護人は，控訴趣意書に基づいて弁論しなければならないとされています。控訴趣意書に記載した事項を基礎としてそれに関連する事項を説明したりすることや，控訴趣意書の範囲内であれば，期間経過後に提出された控訴趣意補充書あるいは控訴趣意補正書等に基づく弁論をすることも許されているのが実務の取扱いです。控訴趣意書の範囲を逸脱したり，趣意書に記載のない新しい主張を付加したりすることは許されません。

被告人側が控訴を申し立てた場合に，被告人が自ら控訴趣意書を書いて提出することがありますが，被告人には弁論能力がありませんので，弁護人がその判断で被告人提出の控訴趣意書をも含めて弁論をすることになります。

控訴趣意書に基づく弁論は，弁護人と被告人との間の打
　合せにより被告人に控訴趣意書の内容があらかじめ伝わっ
　ている場合には，「控訴趣意書記載のとおり」として行わ
　れることがほとんどです。被告人に内容が伝わっていない
　場合などは，弁護人が必要に応じて控訴趣意書の内容を要
　約したり，自ら要旨を作成して，それに基づき述べたりし
　ます。
(4)　控訴趣意書に対する相手方の意見（答弁）
　　控訴の申立ての相手方は，答弁書に基づき，又は答弁書
　の提出がないときは口頭で，控訴申立人の控訴趣意書の内
　容に反論する弁論をします。
　　被告人控訴の場合に，事前に検察官から答弁書が提出さ
　れている場合には，「答弁書記載のとおり」として答弁す
　ることがほとんどです。答弁書が提出されていない場合に
　は，検察官が口頭で「本件控訴は理由がないので，棄却さ
　れるべきである。」などと答弁することになります。
(5)　事実の取調べ
　　控訴審の審査は，控訴理由の有無の調査という形で行わ
　れますが，事実の取調べはその調査の一方法です。控訴趣
　意書に包含された事項についての調査は，義務的に行われ
　ますが，事実の取調べはその調査に必要な場合に制限され
　ています。
　　事実の取調べとしては，第一審における証拠調べの方法
　にのっとり，証人尋問，検証，鑑定，被告人質問あるいは
　書証の取調べなどが行われることになります。

このほか，審理の過程で訴因等が変更される場合もあります。

(6) 事実の取調べの結果に基づく弁論

事実の取調べをしたときは，検察官及び弁護人は，その結果に基づいた弁論をすることができますが，任意的なものです。そして，この弁論は，事実の取調べの結果，控訴理由の存否につき意見をふえんする必要がある場合にその点に限って認められるものです。したがって，事件全般についての意見を陳述する第一審のいわゆる論告や弁論とは性質を異にします。

なお，被告人には弁論能力がないので，事実の取調べの結果に基づく弁論を認めず，その最終陳述も認めない扱いが実務の大勢です。

(7) 次回公判期日の指定・告知

3 判決宣告期日

判決宣告・上訴期間等の告知

(判決主文例については98ページ，判決理由の例については118ページ参照)

＊被告人の収容

第一審判決で禁錮以上の刑の言渡しがされている場合に，控訴棄却の判決があると，保釈又は勾留の執行停止はその効力を失い，新たな保釈又は執行停止がない限り，被告人の身柄については，収容の手続がとられることになります。ただし，控訴審では直ちに収容の手続をとらないのが通例です。

第３編

法廷通訳参考例

第3編　法廷通訳参考例

　ここでは，刑事裁判における具体的なやりとりの例を取り上げ，通訳の参考例を対訳の形で収録しています。第1編，第2編の刑事裁判手続の説明と合わせて活用してください。

概要目次
विवरण तालिका

第1章　勾留質問手続

1　前置き

（裁）　私は，○○地方裁判所の裁判官です。検察官から勾留請求といって，引き続いてあなたを留置してほしいという請求がありました。そこで，これからあなたを勾留するかどうかを判断する前提として，あなたに対して被疑事実を告げ，それに関するあなたの陳述を聴くことにします。その前にいくつかの注意及び説明をします。

2　黙秘権の告知

（裁）　まず第一に，あなたには黙秘権があります。私の質問に対し，始めから終わりまで黙っていてもいいし，個々の質問に対して答えを拒むこともできます。答えないからといって，それだけで不利益な扱いを受けることはありません。

3　弁護人選任権の告知

（裁）　第二に，あなたは自分の費用で弁護人を選任する権利があります。弁護人を選任したいときには，特定の弁護士や弁護士法人，弁護士会を指定して申し出ることができます。申出をする場合は，この場で申し出ることもできますし，留置施設に申し出ることもできます。

（被疑者国選弁護人選任請求が行える場合）

　あなたが経済的な理由などで自分の費用で弁護人を

अध्याय १ हिरासत अनुसन्धान प्रक्रिया

१ प्रस्तावना

(न्यायाधिश) म○ ○ स्थानीय अदालतको न्यायाधिश हुँ। सार्वजनिक अभियोजकले यस

अदालतमा तपाईको हिरासतका लागि निवेदन गरेको छ। यसमा तपाईलाई

हिरासतमा लिने या नलिने निर्णय गर्नको लागि म अपराधको कथित तथ्यहरु

दोहोर्याउनेछु, जस पछि तपाईले आरोपहरुको बारेमा बयान दिन सक्नुहुन्छ। त्यो

भन्दा पहिले, केहि सतर्कता र स्पष्टीकरणको बारेमा जानकारी दिन्छु।

२ मौन रहने अधिकारको सूचना

(न्यायाधिश) सर्वप्रथम तपाईसँग मौन रहने अधिकार छ। तपाई मेरो प्रश्नको क्रममा

मौन रहन सक्नुहुन्छ, वा तपाईले व्यक्तिगत प्रश्नहरुको उतर दिन अस्वीकार

गर्न सक्नुहुन्छ। मेरो प्रश्नहरुको उतर नदिएर तपाईलाई केहि वेफाइदा वा हानी

हुने छैन।

३ प्रतिवादी वकिल नियुक्त गर्ने अधिकारको सूचना

(न्यायाधिश)दोस्रो, तपाईँसँग तपाईँको आफ्नै खर्चमा प्रतिवादी वकिल नियुक्त गर्ने

अधिकार छ। जब तपाई एक प्रतिवादी वकिल नियुक्ति गर्न चाहानुहुन्छ, तपाई

एक विशिष्ट वकिल, कानूनी सल्लाह, वा बार सम्बद्धता निर्दिष्ट गर्न

सक्नुहुन्छ।यदि अनुरोध गरियो भने, अदालतले तपाईँको अनुरोधमा बार

एसोसिएसन (निजी वकालत गर्ने वकिलहरुको संघ)लाई सूचित गर्दछ। कुनै

सल्लाह पाउन अदालतमा निवेदन दिन संकोच नमान्नुहोस्।

(शंकास्पद व्यक्तिले राष्ट्रिय प्रतिवादी वकिलको नियुक्तिको लागि अनुरोध गर्न

सक्ने अवस्थामा)

यदि तपाई आर्थिक वा अन्य कारणहरुको लागि आफ्नै खर्चमा प्रतिवादी वकिल

選任することができないときは，裁判官に弁護人の選任を請求することができます。この請求をする場合には，資力申告書を提出しなければなりません。また，資力申告書の資力の合計額が50万円以上の場合には，あらかじめ，○○弁護士会に弁護人の選任の申出をしていなければなりません。

4　勾留の要件の説明

（裁）　あなたに，罪を犯したと疑うに足りる相当な理由があり，かつ，住居が不定であるか，証拠を隠滅したり逃亡したりすることを疑うに足りる相当な理由がある場合には，勾留されることになるかもしれません。

5　勾留の期間の説明

（裁）　勾留される期間は，原則として10日間です。しかし，場合によっては，10日たつ前に釈放されることもありますし，更に最大10日間勾留が延長されることもあります。

6　被疑事実の告知

（裁）　それでは，勾留請求の理由となっている犯罪事実を読むのでよく聞いてください。その後で，これに対して言いたいことがあったら述べてください。

　　「被疑者は，令和○○年10月10日午後6時50分ころ，○○市丸山町1番1号所在の株式会社甲百貨店（代表取締役甲野太郎）本店3階貴金属売場において，同社所有のダイヤモンド指輪1個（時価300万円相当）を自己の背広の内側ポケットに入れて窃取し

नियुक्त गर्न सक्नुहुन्न भने, तपाईं न्यायाधिशलाई राष्ट्रिय खर्चमा एक नियुक्त गर्न अनुरोध गर्न सक्नुहुन्छ। यदि तपाईं यो अनुरोध गर्न चाहानुहुन्छ भने, तपाईंले पहिले वितीय स्रोतको घोषणा फाराम बुझाउनु पर्छ। यदि वितीय स्रोतहरुको घोषणामा वितीय स्रोतहरुको जम्मा रकम ५००,००० येन वा अधिक छ भने, तपाईंले प्रतिवादी वकिल नियुक्त गर्न ○ ○ बार एसोसिएसन (निजी वकालत गर्ने वकिलहरुको संघ) मा आवेदन दिनै पर्दछ।

४   **हिरासतमा राख्न सक्ने बारे स्पष्टीकरण**

(न्यायाधिश) यदि तपाईंले कुनै अपराध गरेको भन्ने शंका गर्ने सरहको कारण छ, या तपाईंको ठेगाना अनिश्चित छ अथवा सबुत मेटाउने या भाग्ने जस्ता शंका गर्ने ठिक कारण छ भने तपाईंलाई हिरासतमा लिन सक्छ।

५   **हिरासतको अवधिबारे स्पष्टीकरण**

(न्यायाधिश) हिरासतको अवधि नियम अनुसार १० दिन हो। तर, केहि केसहरूमा १० दिन अगाडि रिहा हुनसक्दछ। कुनै केसमा थप १० दिन हिरासतको अवधि बढाउन पनि सकिन्छ।

६   **अपराधको कथित तथ्यहरुको सूचना**

(न्यायाधिश) त्यसोभए, हिरासत अनुरोधको कारणको रुपमा रहेको अपराधको तथ्य पढ्नेछु। राम्री सुन्नुहोस्। त्यसपछि यदि तपाईंलाई केहि भन्नु छ भने, कृपया भन्नुहोस्।

「शंकास्पद व्यक्तिले सन् २० ○ ○ अक्टोबर १० तारिखको साँझ ६:५० बजेतिर ○ ○ मारुयामाच्यो १-१ को ठेगानामा रहेको कोउ कम्पनीको डिपार्टमेन्ट स्टोर (संस्थापक श्री तारो कोनो) को प्रमुख कार्यालयको तेस्रो तल्लामा रहेको गहना बिक्रि गर्ने पसलबाट हीराको एउटा औंठी (बजार मूल्य लगभग ३० लाख येन बराबरको) आफ्नो कोटको खल्तीमा राखेर चोरेको हो।」

たものである。」

7 被疑事実に対する陳述

（裁） ・ 事実はそのとおり間違いありません。

・ 身に覚えがありません。

・ 検察庁で述べたとおりです。

8 勾留通知先

（裁） あなたが勾留されることになった場合には，裁判所から弁護人あてにその旨を通知します。弁護人がない場合には，国内にいるあなたの配偶者，親兄弟等のうち，あなたが指定する1人に通知します。また，弁護人もそのような家族もない場合には，雇主とか知人などのうちからあなたが指定する1人に通知します。通知先の氏名，住居，電話番号を述べてください。

（被） 日本にいる兄に連絡してください。

（裁） 住所と名前は。

（被） 名前は，Aです。私と同じところに住んでいます。

9 領事機関への通報

（裁） あなたは，〇〇国国民として，領事関係に関するウィーン条約第36条第1項（b）の規定により，勾留の事実を〇〇国領事官に通報することを要求しますか。

（被） 通報することを要求します。〈要求しません。〉

（裁） なお，領事機関に対しては，我が国の法令に反しない限り，信書を発することができます。

10 読み聞け

（書） あなたが述べたことを調書に書きましたので，それ

७   अपराधको कथित तथ्यहरुबारे अभियुक्तको बयान

(शंकास्पद व्यक्ति) · तथ्य सहि छ।

· मलाई याद छैन।

· सार्वजनिक अभियोजकको कार्यालयमा भने अनुसार हो।

८   हिरासतको सूचना ठेगाना

(न्यायाधिश) यदि तपाईंलाई हिरासतमा लिने भएमा अदालतले तपाईंको प्रतिवादी वकिल
लाई खबर गर्नेछ। यदि तपाईंसँग प्रतिवादी वकिल छैन भने, तपाईंको जापानमा
भएको तपाईंको जोडी, भाई / बहिनी, इत्यादि मध्ये एक जनालाई सूचित गरिनेछ।
यदि तपाईंसँग प्रतिवादी वकिल वा परिवार सदस्य छैन भने, तपाईंले नियुक्त
गर्नुभएको रोजगारदाता या परिचितहरू एक जनालाई सूचित गरिन्छ। सूचित गर्ने
व्यक्तिको नाम, ठेगाना र फोन नम्बर बताउनुहोस्।

(शंकास्पद व्यक्ति) जापानमा भएका मेरो दाजुलाई खबर गर्नुहोस्।

(न्यायाधिश) ठेगाना र नाम के हो?

(शंकास्पद व्यक्ति) नाम A हो।मसंगै एकै ठाउँमा बस्नुहुन्छ।

९   कन्सुलर एजेन्सीलाई रिपोर्ट

(न्यायाधिश) के तपाई ○ ○ देशका नागरिकको रूपमा, वाणिज्य दूतावास सम्बन्धि
भियनाको सन्धि को धारा ३६ (१) (बी) को प्रावधान अन्तर्गत हिरासतमा लिएको
तथ्यको बारेमा ○ ○ देशको कन्सुलर अधिकारीलाई सूचित गर्न अनुरोध गर्नुहुन्छ?

(शंकास्पद व्यक्ति) सूचित गर्न अनुरोध गर्छु। <अनुरोध गर्दिन।>

(न्यायाधिश) साथै, कन्सुलर एजेन्सीको सम्बन्धमा जापानको कानून र नियम उल्लंघन
नगरेसम्म कन्सुलर एजेन्सीलाई पत्र जारी गर्न सम्भव छ।

१०   प्रतिवादी, हस्ताक्षर र छापको लिखित बयान पढ्दै

(अदालत सचिव) मैले तपाईंले भनेको रेकर्डमा लेखें, त्यसैले म यसलाई ठूलो स्वरले

を読み上げます。間違いなければここに署名して，左
人指し指で指印してください。

第2章　公判手続

1　開廷宣言

（裁）　開廷します。

2　通訳人の宣誓

（通）　良心に従って誠実に通訳をすることを誓います。

3　人定質問

（裁）　被告人は前に出てください。＜被告人は起立してくだ
さい。＞

名前は何と言いますか。

生年月日はいつですか。

国籍（本籍）はどこですか。

日本国内に定まった住居はありますか。

職業は何ですか。

4　起訴状朗読

（裁）　それでは，これから被告人に対する○○被告事件に
ついての審理を始めます。

起訴状は受け取っていますね。

まず，起訴状が朗読されますから，被告人は聞いて
いてください。

検察官，起訴状を朗読してください。

5　黙秘権の告知

（裁）　これから，今朗読された事実についての審理を行い
ますが，審理に先立ち被告人に注意しておきます。被

पढ्ने छु। यदि यो सहि छ भने, यहाँ हस्ताक्षर गर्नुहोस् र तपाईंको हस्ताक्षरको छेउमा तपाईंको देब्रे हातको चोर औंलाले छाप लगाउनुहोस्।

अध्याय २ परीक्षण प्रक्रिया

१ **अदालत खुला गरेको घोषणा**

(न्यायाधिश) अदालत खुला गर्छु ।

२ **दोभाषेको शपथ**

(दोभाषे) म आफ्नो विवेक अनुरूप निष्कपट दोभाषे बन्ने वाचा गर्दछु।

३ **व्यक्तिगत प्रश्न**

(न्यायाधिश) अभियुक्त अगाडि आउनुहोस्। <अभियुक्त उठ्नुहोस्।>

तपाईंको नाम के हो?

जन्मदिन कहिले हो?

राष्ट्रियता (स्थायी निवास) कहाँ हो?

जापानभित्र निश्चित ठेगाना छ?

तपाईंको काम के हो?

४ **अभियोगपत्र पढ्ने**

(न्यायाधिश) त्यसो भए, अब अभियुक्तलाई लगाइएको ◯◯ अभियोग घटना बारे सुनुवाई शुरू गर्नेछौं।

तपाईंले अभियोगपत्र लिनुभयो?

पहिले अभियोगपत्र पढ्ने भएकोले अभियुक्तले सुन्नुहोस्।

अभियोजक, कृपया अभियोगपत्र पढ्नुहोस्।

५ **मौन रहने अधिकारको सूचना**

(न्यायाधिश) अब भर्खरै पढेका तथ्यहरूको बारेमा सुनुवाइ गर्छु, तर सुनुवाइ भन्दा अघि अभियुक्तलाई सचेत गर्दछु। अभियुक्तलाई मौन बस्ने अधिकार छ। यसैले,

告人には黙秘権があります。したがって，被告人は答えたくない質問に対しては答えを拒むことができますし，また，始めから終わりまで黙っていることもできます。もちろん質問に対して答えたいときには答えてよいですが，被告人がこの法廷で述べたことは，被告人に有利，不利を問わず証拠として用いられることがありますから，そのことを念頭に置いて答えるようにしてください。

6 **被告事件に対する陳述**

（裁） 検察官が今読んだ事実について何か述べることはありますか。

（被） ・ 事実はそのとおり間違いありません。

・ 事実は身に覚えがありません。

・ 酒を飲んでいたので，よく覚えていません。

・ 物を取ったのは確かですが，人は殺していません。

・ 被害者を刺したのは確かですが，殺すつもりはありませんでした。

7 **弁護人の意見**

（弁） ・ 被告人の陳述のとおりです。

・ 被告人には，窃盗の故意がないので，無罪を主張します。

・ 被告人には，窃盗の実行の着手がありませんので，無罪を主張します。

・ 被告人の行為は正当防衛に当たるので，無罪を

अभियुक्तसंग मौन रहने अधिकार भएकोले आफूले जवाफ दिन नचाहेको प्रश्नहरूको जवाफ दिन अस्वीकार गर्न सक्दछ, वा ऊ सुरुदेखि अन्त सम्म चुप लाग्न सक्छ। पक्कै पनि आफूले चाहेको कुनै पनि प्रश्नको उत्तर दिन सक्नुहुन्छ, तर अभियुक्तले यस अदालतमा भनेका कुरा अभियुक्तको फाइदा या वेफाइदाको मतलब नगरिकन प्रमाणको रूपमा प्रयोग गर्न सकिन्छ भन्ने कुरा राम्री बुझेर उत्तर दिनुहोस्।

६   अभियुक्तको मुद्दामा बयान

(न्यायाधिश) अहिले अभियोजकले पढेको तथ्यमा भन्नुपर्ने कुरा केहि छ?

(आरोपित) · तथ्य सहि छ।

       · मलाई तथ्यहरू याद छैन।

       · मैले रक्सी पिएको हुनाले राम्री याद छैन।

       · म निश्चित छु कि मैले सामानहरू लिएको हो, तर मानिसलाई मरेको छैन।

       · म निश्चित छु मैले पीडितलाई छुरा हानेको हुँ, तर मार्ने लक्ष्य थिएन।

७   प्रतिवादी वकिलको विचार

(वकिल) · अभियुक्तले भने अनुसार हो।

       · अभियुक्तको चोरी जानाजानी नभएकोले निर्दोषीको दाबी गर्छु।

       · अभियुक्त दोषी छैन किनकि उसले चोरी शुरु गरेको छैन।

       · अभियुक्तको कार्य वैधानिक रक्षा को रूपमा लिन सकिने हुनाले उहाँको

主張します。

8　検察官の冒頭陳述

　（裁）　それでは検察官，冒頭陳述を行ってください。

　　　　　検察官が証拠によって証明しようとする事実を述べ

　　　　ますので，被告人は聞いていてください。

　（検）　検察官が証拠により証明しようとする事実は次のと

　　　　おりであります。被告人は・・・・。

9　弁護人の冒頭陳述

　（公判前整理手続が実施された場合で，弁護側の主張がある

　ときには必ず行われるが，同手続が実施されなかった場合

　でも行われることがあり得る。）

　（裁）　続いて，弁護人の冒頭陳述をどうぞ。

　（弁）　それでは，弁護人の冒頭陳述を申し上げます。被告

　　　　人は，本件犯行を行っておらず，無罪です。すなわち

　　　　・・・・。

10　公判前整理手続の結果顕出

　（公判前整理手続が実施された場合）

　（裁）　次に，公判前整理手続の結果を明らかにする手続を

　　　　行います。この公判に先立ち，裁判所，検察官，弁護

　　　　人の3者によって行われた公判前整理手続の結果，本

　　　　件における主たる争点は，次の2点であることが明ら

　　　　かになっています。まず第1点は・・・・。

11　証拠調べ請求

　（検）　証拠等関係カード（甲）（乙）記載の各証拠の取調べ

　　　　を請求します。

निर्दोषताको दाबी गर्छु।

८   अभियोजकको शुरुवाती बयान

(न्यायाधिश) त्यसो भए अभियोजक, शुरुवाती बयान दिनुहोस्।

अभियोजकले प्रमाणका साथ प्रमाणित गर्न खोजेको तथ्य बयान गर्दै हुनुहुन्छ।
अभियुक्त रामरी सुन्नुहोस्।

(अभियोजक) सार्वजनिक अभियोजकले प्रमाणका प्रमाणित गर्न खोजेको तथ्यहरू तल
छन्। अभियुक्तले ....।

९   प्रतिवादी वकिलको शुरुवाती बयान

(पूर्व परिक्षण व्यवस्था प्रक्रियाको व्यवस्था गरेको अवस्थामा वकिलतर्फको दाबीभएको
बेलामा अवश्य अपनाइन्छ, यो प्रक्रियाको व्यवस्था नभएको सर्धै बाहिर गरिन्छ जब
त्यहाँ रक्षा पक्ष बाट एक तर्क छ, तर यो प्रक्रिया नभएको बेलामा पनि अपनाउन सक्छ।)

(न्यायाधिश) अब, कृपया प्रतिवादी वकिलको शुरुवाती बयान दिनुहोस्।

(वकिल) त्यसो भए प्रतिवादी वकिलको शुरुवाती बयान गर्छु। अभियुक्तले यो अपराध
गरेको छैन, निर्दोष छ। अर्थात् ....।

१०   पूर्व परिक्षण व्यवस्था प्रक्रियाको परिणाम

(पूर्व परिक्षण व्यवस्था प्रक्रियाको व्यवस्था गरेको अवस्थामा)

(न्यायाधिश) यसपछि पूर्व परिक्षण व्यवस्था प्रक्रियाको परिणाम प्रष्ट गर्ने प्रक्रिया अगाडि
बढाइन्छ। यस मुद्दा अघि अदालत, अभियोजक र प्रतिवादी वकिल ३ जनाले
गरेका पूर्व परिक्षण व्यवस्था प्रक्रियाको नतिजाका रूपमा यो कुरा थाहा भयो कि
यस मुद्दामा दुई मुख्य बुंदाहरू भएको प्रष्ट भयो। पहिलो बुंदा चाहिं ....।

११   प्रमाण जाँचको अनुरोध

(अभियोजक) प्रमाण सम्बन्धित काईमा(अघिल्लो)(पछिल्लो)लेखिएको हरेक प्रमाणको
सोधपुछको लागि अनुरोध गर्छु।

- 65 -

12 証拠（書証・証拠物）請求に対する意見

（裁）　弁護人，御意見はいかがですか。

（弁）　・　すべて同意します。

　　　　・　甲3号証と甲4号証の目撃者Aの検察官と司法警察員に対する供述調書については不同意です。その余の各証拠は同意します。

　　　　・　証拠物については異議ありません。

　　　　・　乙3号証の被告人の司法警察員に対する供述調書は，取調べ警察官の脅迫により録取されたものであり，任意性を争います。

　　　　・　乙5号証の被告人の司法警察員に対する供述調書は，供述録取に際し，共犯者をかばって供述したものであるので，その調書には信用性がありません。

　　　　・　乙9号証の被告人の検察官に対する供述調書は，検討中のため意見を留保します。

13 書証の要旨の告知・証拠物の展示

（裁）　それでは，同意のあった各証拠は採用し，取り調べることにします。検察官，書証の要旨を告知し，証拠物を示してください。

　　　　検察官が書証の要旨を告げますので，被告人は聞いていてください。

（検）　・　甲1号証は，司法警察員作成の捜査報告書です。被告人の出入国状況を示したもので，「被告人は，

१२   प्रमाणको (प्रमाणपत्र / प्रमाण वस्तु) लागि अनुरोधप्रतिको राय

(न्यायाधिश) प्रतिवादी वकिल, तपाईको राय के छ?

(वकिल)   · म सबैसंग सहमत छु।

· अघिल्लो ३ र ४ नम्बरको प्रमाणको प्रत्यक्षदर्शी A ले म अभियोजक र
न्यायिक प्रहरी अधिकारी विरुद्धको लिखित बयानमा असहमत छु। म
प्रमाणको बाँकी अंशहरूसँग सहमत छु।

· प्रमाण वस्तुको बारेमा आपति छैन।

· पछिल्लो ३ नम्बरको प्रमाणको अभियुक्तको न्यायिक प्रहरी अधिकारी
प्रतिको लिखित बयानमा अनुसन्धान गरेका प्रहरी अधिकारीहरूको
धम्कीका कारण रेकर्ड गरिएकोले स्वेच्छापनमाथि प्रश्न उठेको छ।

· पछिल्लो ५ नम्बरको प्रमाणको अभियुक्तको न्यायिक प्रहरी अधिकारी
प्रतिको लिखित बयानमा शपथ पत्र रेकर्ड गर्दा सहयोगीलाई बचाउ गर्ने
खालको शपथ पत्र थियो, त्यसैले यो बयान विश्वसनीय छैन।

· पछिल्लो ९ नम्बरको प्रमाणको अभियुक्तको न्यायिक प्रहरी अधिकारी
प्रतिको लिखित बयानमा अभियुक्तको शपथ पत्र विचाराधीन भएको राय
राखिएको छ।

१३   प्रमाण पत्रको सारांश घोषणा / प्रमाण वस्तुको प्रदर्शनको घोषणा

(न्यायाधिश) त्यसो भए, स्वीकृत भएको हरेक प्रमाणको छानबिन गरिन्छ। अभियोजक,
प्रमाण पत्रको सारांश घोषणा गरी प्रमाण वस्तु देखाउनुहोस्।

अभियोजकले प्रमाण पत्रको सारांश घोषणा गर्ने भएकोले अभियुक्तले
सुन्नुहोस्।

(अभियोजक)   · अघिल्लो १ नम्बरको प्रमाण न्यायिक प्रहरी अधिकारीले तयार गरेको
अनुसन्धान रिपोर्ट हो। यसले अभियुक्तको जापान प्रवेश र जापानबाट

令和〇〇年 10 月 14 日，Y 国から，短期在留資格（90 日）の条件で来日した。在留資格は，令和〇〇年 1 月 12 日までとなっているが，在留期間の更新は受けていない。」という内容です。

・　甲 2 号証は，被告人の婚約者甲野花子の司法警察員に対する供述調書です。内容は被告人の生活状況です。

・　乙 1 号証は，被告人の司法警察員に対する供述調書です。

被告人の身上，経歴等を述べたものです。

・　乙 2 号証，乙 3 号証は，被告人の司法警察員に対する供述調書であり，乙 4 号証は，被告人の検察官に対する供述調書です。

　　乙 2 号証から乙 4 号証は，いずれも被告人が本件の犯行状況について述べたものですので，乙 4 号証でまとめて要旨を告げます。

　　「私は，日本で働いてお金を稼ぐために，令和〇〇年 10 月 14 日，Y 国から，日本に来ました。日本では，最初に鈴木建設という会社で働き，次に田中土建という会社で働きました。在留期間が令和〇〇年 1 月 12 日までということは分かっていましたが，お金を稼ぎたいのでそのまま日本にいました。」

・　乙 5 号証は，被告人の身上関係についての捜査

निस्केको अवस्था देखाउँदछ। "अभियुक्त Y देशबाट सन् २०००
अक्टोबर १४मा छोटो अवधिको निवास (९० दिन) को शर्तमा जापान
आए। जापानमा रहन सक्ने अवधि सन्२००० जनवरी १२ सम्म हो,
तर जापानको बसाई अवधि नविकरण अनुमति प्राप्त गरेको छैन।
"

· अघिल्लो २ नम्बरको प्रमाण अभियुक्तको मंगेतर हानाको कोनोले न्यायिक
प्रहरी अधिकारीलाई गरेको लिखित बयान हो। सामग्री अभियुक्तको
जीवनीको अवस्था हो।

· पछिल्लो 1 नम्बरको प्रमाण अभियुक्तको न्यायिक प्रहरी अधिकारीलाई
गरेको लिखित बयान हो।

यसले अभियुक्तको व्यक्तिगत इतिहास र पृष्ठभूमि वर्णन गर्दछ।

· पछिल्लो २ नम्बर र ३ नम्बरको प्रमाण अभियुक्तले न्यायिक प्रहरी
अधिकारीलाई दिएको लिखित बयान हुन् र पछिल्लो ४ नम्बरको प्रमाण
अभियोजकलाई दिएको लिखित बयान हो।

पछिल्लो २ नम्बरदेखि ४नम्बरसम्मको प्रमाण अभियुक्तले यस
मुद्दाको अपराधहरू वर्णन गरेका कुराहरु हुन् र पछिल्लो ४ नम्बरको
प्रमाण मा सारांश उल्लेख गरिएको छ।

"म काम गरेर पैसा कमाउन म अक्टुबर सन्२०० ०
अक्टोबर१४तारिखमा Y देशबाट जापान आएको थिएँ। जापानमा मैले
पहिले सुजुकी कन्स्ट्रक्शन नामक कम्पनीमा काम गरें र त्यसपछि
तानाका दोगेन भन्ने कम्पनीमा काम गरें। मलाई थाहा थियो कि मेरो
जापानको बसाई सन् २००० जनवरी १२तारिखसम्म हो, तर केहि पैसा
कमाउन चाहेकोले म जापानमै बसें। "

· पछिल्लो ५ नम्बरको प्रमाण अभियुक्तको शारीरिक सम्बन्धको बारेमा

報告書です。

14　証人申請

（裁）　検察官，不同意とされた証拠についてはどうされますか。

（検）　撤回して，証人Ａを申請します。

15　証人申請に対する意見及び証人の採用

（裁）　弁護人，御意見は。

（弁）　しかるべく。

（裁）　それでは，Ａを証人として採用します。

16　証人の尋問手続

(1)　証人の宣誓

（裁）　ただいまから，あなたをこの事件の証人として尋問しますから，まずうそをつかないという宣誓をしてください。その宣誓書を朗読してください。

（証）　宣誓　良心に従って真実を述べ，何事も隠さず，偽りを述べないことを誓います。証人Ａ。

（裁）　証人は，今宣誓したように本当のことを証言してください。もし宣誓した上で虚偽の証言をすると，偽証罪で処罰されることがあります。

　　　　証人が証言することによって証人自身又は証人の近親者が刑事訴追を受けたり，有罪の判決を受けるおそれのある事柄については，証言を拒むことができますから，その場合には申し出てください。

(2)　異議申立て及びその裁定

（検）　弁護人のただいまの発問は，誘導尋問ですから，

गरिएको अनुसन्धान रिपोर्ट हो।

१४ साक्षीको निवेदन

(न्यायाधिश) अभियोजक, मन्जुरी नभएका प्रमाणका बारेमा के गर्नुहुन्छ?

(अभियोजक) फिर्ता गरी साक्षी Aको निवेदन दिन्छु।

१५   साक्षीको निवेदन सम्बन्धी विचार तथा साक्षीको नियुक्ति

(न्यायाधिश) प्रतिवादी वकिल, यहाँको के विचार छ?

(वकिल) सहि हो।

(न्यायाधिश) त्यसो भए, Aलाई साक्षीको रुपमा नियुक्त गर्छु ।

१६   साक्षीको जांच प्रक्रिया

(१) साक्षीको प्रतिज्ञा

(न्यायाधिश) अहिलेबाट तपाईलाई यस घटनाको साक्षीको रुपमा जांच गरिने हुनाले
सबभन्दा पहिले झुठो नबोल्ने प्रतिज्ञा गर्नुहोस्।त्यो प्रतिज्ञा पत्र पढनुहोस्।

(साक्षी) प्रतिज्ञा आत्मालाई साक्षी राखेर केही पनि नलुकाई झुठो नबोलिकन सत्य
बोल्ने कुरा प्रतिज्ञा गर्छु। साक्षी A।

(न्यायाधिश) साक्षीले अहिले प्रतिज्ञा गरेको जस्तै सत्य कुरा भन्नुहोस्।यदि प्रतिज्ञा
गरेर पनि झुठो बोलेमा झुठो बयान दिने अपराधको सजायँको भागीदार
हुनुपर्नेछ।

साक्षीले बयान दिने कुराबाटसाक्षी स्वयं अथवा साक्षीको परिवार पनि
अपराधिक अभियोजन पाउने सम्भावना रहन्छ।दोषी प्रमाणित हुनसक्ने मुद्दाको
सन्दर्भमा बयानको इन्कार पनि गर्न सकिने हुनाले त्यस्तो अवस्थामा खबर
गर्नुहोला।

(२) आपति जनाउनु तथा त्यसको नियम

(अभियोजक) प्रतिवादी वकिलको हालको प्रश्न मुख्य प्रश्न हो, त्यसैले यसलाई आपति

　　　　異議を申し立てます。

　　（弁）　反対尋問においては，誘導尋問も許されるので，
　　　　　　検察官の異議の申立ては，理由がないと思料いたし
　　　　　　ます。

　　（裁）　異議を棄却します。

　（3）　証人尋問の終了

　　（裁）　証人尋問を終わります。証人は，お疲れさまでし
　　　　　　た。

17　その他の手続

　（1）　弁論の併合決定

　　（裁）　本件に被告人に対する令和○○年（わ）第○○号
　　　　　　強盗被告事件を併合して審理します。

　（2）　訴因及び罰条等の変更

　　（検）　起訴状記載の訴因を「被告人は・・・・したもの
　　　　　　である。」と，罪名及び罰条を「窃盗　刑法235条」
　　　　　　とそれぞれ変更の請求をします。

　　（弁）　検察官の請求に異議ありません。

　　（裁）　訴因及び罰条等の変更を許可します。

　（3）　被害者特定事項の秘匿決定後，被害者の呼称の定めがさ
　　　　れた場合

　　（裁）　今後の審理においては，令和○○年6月20日付
　　　　　　け起訴状記載の公訴事実第1の被害者のことを「被
　　　　　　害者A」と，同年7月10日付け追起訴状記載の被
　　　　　　害者のことを「被害者B」と呼ぶこととします。

　（4）　被害者参加許可決定

जनाउछ।

(वकिल) क्रस-जाँचको मामलामा, मुख्य प्रश्नको पनि अनुमति छ, त्यसैले
अभियोजकको आपतिको कुनै कारण छैन जस्तो लाग्छ।

(न्यायाधिश) आपति अस्वीकृत छ।

(३) साक्षीको जांचको अन्त्य

(न्यायाधिश) साक्षीको जांच समाप्त हुन्छ। साक्षीलाई धन्यबाद छ।

१७   अन्य प्रक्रियाहरू

(१) तर्कको मर्ज गर्ने निर्णय

(न्यायाधिश) यस मुद्दामा अभियुक्तको विरुद्ध सन्२०○○ (वा) नं○○ डकैती
प्रतिवादीको घटनासंग मिलाएर सुनुवाइ गरिनेछ।

(२) गुनासोको कारण र लिखित सजायंको अवस्थामा परिवर्तन

(न्यायाधिश) अभियोग पत्रको गुनासोको कारण "अभियुक्तले ....गरेको हो" र अपराध
तथा लिखित सजायं "चोरी दण्ड सम्बन्धि कानून अनुच्छेद २३५" भनेर
परिवर्तनको माग गर्छु।

(वकिल) अभियोजकको अनुरोधमा कुनै आपति छैन।

(न्यायाधिश) गुनासोको कारण र लिखित सजायंको परिवर्तनलाई अनुमति छ।

(३) पीडित पहिचानको बूँदाको गोपनीयताको निर्णय पछि पीडितको नाम तोकिएको
अवस्थामा

(न्यायाधिश) अर्को सुनुवाइको सन्दर्भमा, सन् २०○○ जून २० तारिखमा अभियोग
पत्रमा लिखित अभियोजन तथ्य नम्बर १ को पीडितको कुरा "पीडित A" र
त्यहि वर्षको जुलाई १० तारिखबाट थप सार्वजनिक अभियोगको तथ्यको
पिडितको कुरा "पीडित B" को रूपमा सम्बोधन गरिनेछ।

(४) पीडित सहभागिता अनुमतिको निर्णय

（検）　本日，被害者Ａさんから被害者参加の申出があり
　　　　　　ました。検察官としては，相当であると考えます。

　　　（裁）　弁護人の御意見はいかがですか。

　　　（弁）　しかるべく。

　　　（裁）　申出人の本件被告事件の手続への参加を許可しま
　　　　　　す。

(5)　被害者等の被害に関する心情その他の被告事件に関する
　　意見陳述

　　（被害者等からの申出がある場合）

　　　（裁）　被害者の方からの心情その他の意見陳述を行いま
　　　　　　す。では，被害者の方は証言台に進んで，その意見
　　　　　　を陳述してください。

　　　（害）　・　私は，被告人に殴られて，半年も入院しまし
　　　　　　　　た。その間，身体の自由が利かず，仕事もできず，
　　　　　　　　とてもつらい思いをしました。

　　　　　　・　被告人のことは，絶対に許せません。

(6)　即決裁判手続

　　ア　被告事件に対する有罪の陳述

　　　（起訴状朗読及び黙秘権の告知後）

　　　（裁）　検察官が今読んだ事実について何か述べること
　　　　　　はありますか。

　　　（被）　間違いありません。

　　　（裁）　事実は間違いないということですが，この事実
　　　　　　について，有罪であるとして処罰されても構わな
　　　　　　いということですか。

(अभियोजक) आज पीडित A बाट पीडित सहभागिताको निवेदन आयो। अभियोजक
को रूपमा यो निवेदन योग्य रहेको विचार गर्दछु।

(न्यायाधिश) प्रतिवादी वकिलको के राय छ?

(वकिल) सहि हो।

(न्यायाधिश) आवेदकलाई यस प्रतिवादी मुद्दाको प्रक्रियामा भाग लिन अनुमति दिन्छु।

(५) पीडितको पिडासंग सम्बन्धी मानसिक अवस्था तथा अन्य प्रतिवादी घटनाबारे रायहरूको
बयान

(पीडितबाट निवेदन आएको खण्डमा)

(न्यायाधिश) पीडितबाट मानसिक अवस्था तथा अन्य प्रतिवादी घटनाबारे रायहरूको
बयान लिन्छु। त्यसो भए पीडित कठघरामा गएर आफ्नो राय बताउनुहोस्।

(पीडित) · मलाई अभियुक्तले कुटेर आधा बर्ष अस्पतालमा राखिएको थियो। त्यस
समयमा म शरीर स्वतन्त्र रूपमा चलाउन सक्दिन थिए, काम पनि गर्न
सक्दिन थिए, कठिन समय थियो।

· अभियुक्तलाई कदापी क्षमा गर्न सक्दिन।

(६) द्रुत निर्णय प्रक्रिया

क. प्रतिवादी घटनामा दोषीको बयान

(अभियोग पत्र पढेपछि र मौन रहने अधिकारको घोषणापछि)

(न्यायाधिश) अभियोजकले भर्खर पढेको तथ्यको बारेमा केही भन्नु छ?

(आरोपित) यसमा कुनै शंका छैन।

(न्यायाधिश) तथ्य सहि छ भन्ने कुरा हो, तर यो तथ्यको बारेमा दोषी भए पनि
केहि फरक पर्दैन भन्ने रूपमा लिए पनि हुन्छ?

（被）　はい。

イ　弁護人の意見

（裁）　弁護人の御意見は。

（弁）　被告人の陳述と同様です。

ウ　即決裁判手続によって審判する旨の決定

（裁）　本件については，検察官から即決裁判手続の申
立てがされています。被告人，弁護人は即決裁判
手続によることについて同意しており，被告人は
有罪である旨の陳述をしていますので，本件を即
決裁判手続によって審判することとします。

エ　証拠調べ請求等

（裁）　では，証拠調べに入ります。検察官，証拠調べ
請求をお願いします。

（検）　本件公訴事実を立証するため，証拠等関係カー
ド（甲）（乙）記載の各証拠の取調べを請求します。

（裁）　弁護人，いかがですか。

（弁）　いずれも，証拠とすることに異議はありません。

18　論告

（裁）　検察官，御意見を伺います。

検察官がこの事件に対する意見を述べますので，被
告人は聞いていてください。

（検）　それでは論告いたします。

・　まず，事実についてですが，本件公訴事実は，
当公判廷で取り調べられた関係各証拠によって証
明十分と思料します。

(आरोपित) हुन्छ।

ख. प्रतिवादी वकिलको राय

(न्यायाधिश) प्रतिवादी वकिलको राय कस्तो छ?

(वकिल) अभियुक्तको बयान जस्तै हो।

ग. द्रुतनिर्णयपरीक्षण प्रक्रियाबाट फैसलाको व्यहोराको निर्णय

(न्यायाधिश) यस मुद्दामा अभियोजकले तुरुन्त निर्णय परिक्षण प्रकियाको लागि
निवेदन दर्ता गरेको छ। अभियुक्त र प्रतिवादी वकिलले पनि द्रुत निर्णय
परीक्षण प्रक्रिया सहमति जनाइसकेका छन्। अभियुक्तले आफू दोषी भएको
कुरा बयान गरिसकेको हुनाले यस मुद्दालाई तुद्रुत निर्णय परीक्षण
प्रक्रियाबाट फैसला गरिनेछ।

घ. प्रमाण जाँचको लागि अनुरोध आदि

(न्यायाधिश) त्यसो भए, प्रमाण जाँच गर्न शुरु गर्छु। अभियोजक, कृपया प्रमाण
जाँच अनुरोध गर्दछु।

(अभियोजक) यस घटनाको अभियोजन तथ्य प्रमाणित गर्न, प्रमाण सम्बन्धित
कार्ड (अघिल्लो) (पछिल्लो) लेखिएको प्रत्येक प्रमाणको जाँच अनुरोध गर्दछु।

(न्यायाधिश) प्रतिवादी वकिल, कस्तो छ?

(वकिल) जुनैमा पनि, प्रमाणमा कुनै आपत्ति छैन।

१८ छलफल

(न्यायाधिश) अभियोजक, तपाईको राय सुन्छु।

अभियोजकले यस घटना सम्बन्धि आफ्नो राय दिने भएकोले
अभियुक्तसुन्नुहोस्।

(अभियोजक) त्यसो भए छलफल शुरु गर्छु।

· सर्वप्रथम, तथ्यहरूको बारेमा, यस घटनाको अभियोजन तथ्य अदालतले
जाँच गरेका हरेक सम्बन्धित प्रमाणहरूले प्रमाणित गर्न पर्याप्त छ।

・　情状について申し上げます。本件は，被告人が，金を稼ぐ目的で，当初から不法に残留することを予定して入国し，2年余りにわたって不法に残留した事案であり，その残留期間の長さなどを考えると，被告人の刑事責任は重大であります。

・　求刑ですが，以上諸般の事情を考慮し，相当法条適用の上，被告人を，懲役1年6月に処するのを相当と思料します。

19　被害者参加人の弁論としての意見陳述

（事前に被害者参加人からの申出がされ，これが許可されている場合）

（裁）　では，弁論としての意見陳述をお願いします。

（参）　この事件の被害者参加人として，私の意見を述べます。

・　被告人は，何の関係もない私に対し，いきなり言い掛かりをつけ，その後，急に殴りかかってきました。

・　このため，私は1か月もの入院を余儀なくされるほどの重傷を負いました。入院中は身体の自由が利かず，本当につらい思いをしました。

・　被告人は，私にも落ち度があるなどといって謝罪すら行わず，また，慰謝料はおろか，入院費用さえも支払っていません。

・　このような被告人のことは，どうしても許せません。私は，被告人を懲役4年の刑にしてほしい

• अवस्थाको बारेमा कुरा गर्न चाहन्छु। यस मुद्दामा, अभियुक्तलेपैसा कमाउनको लागि शुरुदेखि नै गैरकानुनी रूपमा बस्ने र २ बर्ष भन्दा बढी समयसम्म गैरकानुनी रूपमा रहेको कुरा रहेको छ। सो अवधिको लम्बाईलाई ध्यानमा राखे हो भने निजको अपराधिक जिम्मेवारी गम्भीर छ।

• सजायंको मागको बारेमा भन्नुपर्दा माथि उल्लेखित विभिन्न परिस्थितिहरूको विचार गरी लागू हुने कानूनबाट अभियुक्तलाई १ बर्ष ६ महिनाको कारावास सजायं उचित ठान्दछु।

१९ पीडित सहभागको तर्कको रूपमा रायको बयान

(पीडित सहभागीले अग्रिम आवेदन दिई अनुमोदन भएको अवस्थामा)

(न्यायाधिश) त्यसो भए तर्कको रूपमा आफ्नो राय बयान गर्नुहोस्।

(सहभागी) यस घटनाको पीडित सहभागीको रूपमा आफ्नो राय व्यक्त गर्न चाहन्छु।

• अभियुक्तले केहि पनि सम्बन्ध नभएको मलाई बोलाएर अचानक ममाथि प्रहार गर्यो।

• यस कारणले गर्दा म १ महिनाको लागि अस्पतालमा भर्ना हुनुपर्ने गरी गम्भीर घाइते भएँ। म अस्पतालमा भएको बेला स्वतन्त्रसंग आफ्नो जिउ चलाउन सक्दिन थिंए, त्यसैले मलाई अत्यन्त पीडा भएको थियो।

• अभियुक्तले मेरो पनि गल्ती छ भनेर माफी मागेन। क्षतिपुर्तिको कुरा त परै जाओस्, अस्पतालको उपचार शुल्क पनि तिरेको छैन।

• यस्तो अभियुक्तलाई क्षमा गर्न सक्दिन। म अभियुक्तलाई ४ बर्षको कारावास सजायंको माग गर्छु।

と思います。

20　弁護人の弁論

　（裁）　弁護人の御意見を伺います。

　（弁）　では，被告人のため，弁論いたします。

(1)　出入国管理及び難民認定法違反（自白事件）の例

- 本件公訴事実に関しては，被告人は当公判廷においてもこれを素直に認めており，弁護人としてもこれに対し特段異議をとどめるべき点はございません。

- 被告人も当公判廷で供述したとおり，本件は弁解の余地のない違法行為であり，被告人自身，長期にわたる不法残留については十分反省し，国外に退去した後は2度と日本には来ないと供述しており，今後2度とこのような違法行為を繰り返さないことを誓っているものです。

- 被告人の残留目的は，就労であり，それ以外の不法な目的を有していたものではありません。

- 現に，来日してから逮捕されるまでの間は，まじめに稼働しており，本件以外の犯罪を犯したこともなく，前科前歴はありません。

- 被告人は今回，逮捕，勾留，起訴という厳しい処分を受け，既に相当の期間の身柄拘束処分を受けており，十分な社会的，経済的制裁を受けています。

- 以上の事情を併せ考慮されて，被告人に是非とも自力更生，再起の機会を与えていただきたく，執行猶予

२०   प्रतिवादी वकिलको तर्क

(न्यायाधिश) प्रतिवादी वकिलको विचार सुन्छु।

(वकिल) अब अभियुक्तको लागि तर्क गर्छु।

(१) अध्यागमन नियन्त्रण तथा शरणार्थी पहिचान कानूनको उल्लंघनको (स्वीकारोक्ति मामला)को उदाहरण

 ·   यस घटनाको अभियोजन तथ्यको बारेमा अभियुक्तले इमान्दारीपूर्वक हाम्रो अदालतमा समेत स्वीकार गरिरहेको छ र एक प्रतिवादी वकिलको रूपमा विशेष आपत्ति गर्ने बुंदाहरु छैनन्।

 ·   अभियुक्तले यस अदालतमा भनेझैं यो मुद्दा माफी गर्न लायक नभएको गैरकानूनी कार्य हो। अभियुक्त आफै पनि लामो समयसम्म जापानमा गैरकानुनी बसाई गरेकोमा अफसोस गर्दै जापान छोडेपछि फेरि कहिल्यै पनि जापान नआउने भन्दै भविष्यमा यस्तो अवैध गतिविधिहरू कहिल्यै नगर्ने वाचा गरेको छ।

 ·   अभियुक्तको जापानमा रहनुको उद्देश्य काम गर्नु थियो, कुनै अन्य अवैध उद्देश्य थिएन।

 ·   वास्तवमा, जापान आएदेखि गिरफ्तार नभएसम्म इमान्दारपूर्वक काम गर्दै थियो। यस घटना बाहेक अरु कुनै अपराध गरेको छैन, र कुनै अपराधिक अभिलेख छैन।

 ·   यस पटक अभियुक्तले गिरफ्तार, हिरासत र अभियोजन जस्ता कडा सजाय पाएको र पहिले नै पर्याप्त समयको लागि हिरासत राखिएकोले पर्याप्त सामाजिक तथा आर्थिक प्रतिबन्धहरू प्राप्त गरेको छ।

 ·   माथिका परिस्थितिहरूलाई ध्यानमा राख्दै, अभियुक्तलाई पुनःबहालीको अवसर दिई सजायंको कार्यन्वयन खारेज गर्ने उदार निर्णय गरिदिनुहुन अनुरोध गर्दछु।

の寛大な判決を下されるよう，切にお願いする次第です。

(2)　窃盗（否認事件）の例

　　　・　被告人は，指輪を買うつもりだったのであり，窃盗の故意はなく，無罪です。このことは証拠によって認められる次の事実から明らかであります。

　　　（中略）

　　　・　以上のことから，被告人には窃盗の故意がなく，無罪であります。

21　被告人の最終陳述

　　（裁）　これで審理を終わりますが，最後に何か言っておきたいことはありますか。

　　（被）　・　申し訳ないことをしたと思います。

　　　　　・　私は盗むつもりはありませんでした。早く自分の国へ帰らせてください。

22　公判期日の告知

　(1)　次回公判期日の告知

　　（裁）　次回公判期日は，令和〇〇年 11 月 8 日午前 10 時 30 分と指定します。

　(2)　判決言渡期日の告知

　　（裁）　それでは，判決は令和〇〇年 12 月 6 日午後 1 時にこの法廷で言い渡します。

23　判決宣告

　　（裁）　被告人に対する〇〇被告事件の判決を言い渡します。

　　　　　（判決主文の例については，第 3 章及び第 4 章参照）

(२) चोरी (अस्वीकार घटना) को उदाहरण

· अभियुक्त औंठी किन्ने विचारमा थियो र जानाजानी चोरी गरेको छैन, निर्दोष छ। र दोषी छ। यो कुरा तलका तथ्यहरूबाट प्रस्ट हुन्छ जुन प्रमाणले पुष्टि गर्दछ।

(छोटकरी)

· माथि उल्लेखित कुराबाट अभियुक्तले जानाजानी चोरी गरेको नभएर निर्दोष छ।

२१   अभियुक्तको अन्तिम बयान

(न्यायाधिश) यसले सुनुवाई समाप्त हुन्छ। अन्तमा तपाई केहि भन्न चाहानुहुन्छ?

(आरोपित) · मैले गर्न नहुने काम गरें भन्ने लागिरहेको छ।

· मैले चोर्न चाहेको थिएन। कृपया जतिसक्दो चाँडो आफ्नो देशमा फर्काईदिनुहोस्।

२२   परीक्षण मितिको सूचना

(१) अर्को परीक्षण मितिको सूचना

(न्यायाधिश) अर्को परीक्षण मिति सन् २०○○ नोभेम्बर ८ तारिखको बिहान १०:३० बजे तोकिएको छ।

(२) फैसला सुनाइने मितिको सूचना

(न्यायाधिश) त्यसो भए सन् २०○○ डिसेम्बर ६ तारिख दिउँसो १ बजे यस अदालतमा फैसला सुनाइनेछ।

२३   फैसला घोषणा

(न्यायाधिश) अभियुक्त बिरूद्धको ○○ प्रतिवादी मुद्दाको फैसला सुनाउछु।

(फैसलाको मुख्य पाठको उदाहरणका लागि अध्याय ३ र अध्याय ४ हेर्नुहोस्)

理由・　当裁判所が証拠により認定した罪となるべ
　　　　き事実（犯罪事実）の要旨は次のとおりであ
　　　　る。
　　　・　そこで，所定の法条（法律）を適用して，
　　　　主文のとおり判決する。
　　　・　刑を定めるに当たって考慮した事情は以下
　　　　のとおりである。
　　　（判決理由の例については，第 5 章及び第 6 章
　　　　参照）

24　刑の全部の執行猶予の説明

(1)　身柄拘束中の被告人の刑の全部の執行猶予

　　（裁）　刑事裁判の手続としては，釈放されます。今後○
　　　　年間のうちに日本で罪を犯さなければ，刑務所に入
　　　　らなくてもよくなります。しかし，この○年間のう
　　　　ちに日本で罪を犯してまた刑に処せられることがあ
　　　　ると，この執行猶予は取り消されます。そうなると，
　　　　今回の懲役○年の刑を実際に受けなければならなく
　　　　なります。もちろん，その場合には新たに犯した罪
　　　　の刑も受けます。そういうことのないように，十分
　　　　注意してください。

(2)　既に不法残留になっている被告人の刑の全部の執行猶予

　　（裁）　なお，被告人の場合は既に在留期間が経過してい
　　　　ますから，この判決の後間もなく，入国管理局にお
　　　　いて被告人を本国に送還する手続がなされると思い

कारणहरू · यस अदालतले प्रमाणको आधारमा निर्णय गरेको अपराध (अपराध तथ्य) को व्यहोरा यसप्रकार रहेको छ।

· यहाँ, तोकिएको नियम (कानून) प्रयोग गरी मुख्य वाक्यको जस्तै निर्णय गर्छु।

· सजाय निर्धारण गर्ने क्रममा ध्यानमा राखिएका परिस्थितिहरु निम्नानुसार छन्।

(फैसलाको कारणका उदाहरणहरूको लागि अध्याय ५ र अध्याय ६ हेर्नुहोस्)

२४ सम्पूर्णसजायंको कार्यन्वयनको खारेजको विवरण

(१) हिरासतमा भएका अभियुक्तको सम्पूर्ण सजायंको कार्यन्वयनको खारेज

(न्यायाधिश) अपराधिक परीक्षणको प्रक्रियाको रूपमा, तपाईंलाई रिहा गरिनेछ। यदि तपाईंले○ वर्ष भित्र जापानमा अर्को अपराध गर्नुहुन्न भने, तपाईं जेल जानु पर्दैन। यधपि, यदि तपाईं जापानमा यस ○ बर्षमा अपराध गरी सजाय दिइयो भने, यो सजायको कार्यन्वयनको खारेज रद्द हुनेछ। यदि यो भयो भने, वास्तवमै यस पालिको ○ वर्षको कारावासको सजाय पनि भोग्नु पर्नेछ। अवश्य पनि, त्यो अवस्थामा, तपाईंलाई नयाँ अपराधको पनि सजाय दिइनेछ। त्यसो नहुने गरी सावधान हुनुहोस्।

(२) पहिले नै अवैध रूपमा जापानमा बसेका अभियुक्तको सम्पूर्ण सजायको कार्यन्वयनको खारेज

(न्यायाधिश) थप रूपमा, अभियुक्तको मामलामा जापानमा रहन पाउने अवधि बितिसकेको छ। त्यसैले यो फैसलापछि छिटो नै अध्यागमन विभागलेअभियुक्तलाई उनको आफ्नै देश फर्काउन कदम चाल्नेछ। त्यसकारण,

ます。したがって，結局，送還後〇年間日本に来て
犯罪を犯さなければ，今回の刑を受けることはない
ということになります。

25 刑の一部の執行猶予の説明

（裁）　主文は先ほど述べたとおり，懲役〇年です。このう
ち，〇月の執行を猶予することとなりますが，その残
りについては猶予されません。猶予された〇月分につ
いては，今後〇年間のうちに日本で罪を犯さなければ，
刑務所に入らなくてもよくなります。しかし，この〇
年間のうちに日本で罪を犯してまた刑に処せられる
ことがあると，この執行猶予は取り消されます。そう
なると，猶予された〇月分の刑についても実際に受け
なければならなくなります。もちろん，その場合には
新たに犯した罪の刑も受けます。そういうことのない
ように，十分注意してください。

26 未決勾留日数の説明

（裁）　被告人はこれまで相当期間勾留されていますから，
そのうちの〇日間は既に刑の執行を受け終わったもの
とします。したがって，言い渡した〇年〇か月の刑か
ら実際には〇日間が差し引かれることになります。

27 保護観察の説明

（裁）　保護観察というのは，保護観察官及び保護司の指導
監督によって，被告人が再び間違いを起こすことのな
いように手助けする制度です。普通は毎月1回以上保
護司と会って，被告人の日ごろの生活について指導を

यदि आफ्नो फर्काएर ○ वर्षसम्म जापानमा फर्की आएर अपराध गरेन भने
यस पटक दण्डित गरिने छैन।

२५   एक भागको सजायको कार्यन्वयनको खारेजको विवरण

(न्यायाधिश) मुख्य वाक्यमा अघि उल्लेख गरिए अनुसार मुख्य सजाय ○ बर्षको
कारावास हो। यी मध्ये ○ महिनाको सजायको कार्यान्वयन खारेज हुनेछ, तर
बाँकीलाई स्थगित गरिने छैन। स्थगित गरिएको ○ महिनाको सन्दर्भमा यदि
तपाईले अर्को ○ बर्ष भित्र जापानमा कुनै अपराध गर्नुभएन भने तपाई जेल
जानु पर्दैन। यधपि, यदि तपाइँ जापानमा यस ○ बर्षमा अपराध गरी सजाय
दिइयो भने, यो सजायको कार्यन्वयनको खारेज रद्द हुनेछ। यदि यो भयो भने,
वास्तवमै यस पालि स्थगित गरिएको ○ महिनाको जेल कारावासको सजाय पनि
भोग्नु पर्नेछ। अवश्य पनि, त्यो अवस्थामा, तपाईँलाई नयाँ अपराधको पनि सजाय
दिइनेछ। त्यसो नहुने गरी सावधान हुनुहोस्।

२६   अनिर्णीत हिरासतको दिनको विवरण

(न्यायाधिश) अभियुक्तलाई लामो समयसम्म हिरासतमा राखिएकोले, त्यसको ○ दिन
पहिले नै सजायको कार्यान्वयन भइसकेको छ भन्ने धारणा राखिएको छ।
त्यसकारण, ○ वर्ष ○ महिनाको वास्तविक सजाय ○ दिन कटौती गरिनेछ।

२७   सुरक्षा अवलोकनको विवरण

(न्यायाधिश) सुरक्षा अवलोकन एक प्रणाली हो जहाँ सुरक्षा अवलोकन अफिसर तथा
स्वयंसेवी परिक्षणकालमा छुटकारा दिने अधिकारीको मार्गनिर्देशन र पर्यवेक्षणबाट
अभियुक्तले फेरि गल्ती नगर्न सहयोग गरिन्छ। सामान्यतया, सुरक्षा अवलोकन
अफिसरसँग एक महिनामा कम्तिमा १ पटक भेटेर अभियुक्तको दैनिक जीवनको

受けることになります。

この判決の確定後，速やかに，保護観察所に出頭して保護観察所の説明を受けてください。保護観察所では，守らなければならない事項について指示されますが，もし，この遵守事項を守らない場合には，この刑の執行猶予を取り消されることがあります。また，再び犯罪を犯して禁錮以上の刑に処せられた場合には法律上執行猶予を付けることができないので，そのようなことのないよう十分注意してください。

28　上訴権の告知

（裁）　この判決に不服がある場合には，控訴〈上告〉の申立てをすることができます。その場合には，明日から14日以内に○○高等裁判所〈最高裁判所〉あての控訴〈上告〉申立書をこの裁判所に差し出してください。

第3章　第一審における判決主文の例

1　有罪の場合

(1)　主刑

ア　基本型

・　被告人を懲役〈禁錮〉1年に処する。

・　被告人を罰金20万円に処する。

・　被告人を拘留10日に処する。

イ　少年に不定期刑を言い渡す場合

被告人を懲役5年以上7年以下に処する。

ウ　併科の場合

被告人を懲役1年及び罰金20万円に処する。

बारेमा निर्देशन प्राप्त गर्न सकिन्छ।

यो फैसलाको पुष्टि भएपछि तुरुन्त सुरक्षा अवलोकन अफिसबाट स्पष्टीकरण प्राप्त गर्न तपाईंले सुरक्षा अवलोकन अफिसमा जानु पर्छ। सुरक्षा अवलोकन अफिसमा पालना गर्नुपर्ने विवरणको बारेमा निर्देशन दिइनेछ। तर यदि तपाईंले यो पालना गर्नु भएन भने तपाईंको सजायको कार्यन्ववनको खारेजको निर्णय स्थगित गर्न सकिन्छ। यदि फेरि तपाईंले अपराध गर्नुभयो हुन्छ र तपाईँलाई कारावास वा धेरै सजाय सुनाइएको छ भने तपाईँले कानूनी रूपमा सजायको कार्यन्वयनको खारेज गर्न सक्नुहुन्न। त्यसो नहुने गरी सावधान हुनुहोस्।

२८   पुनरावेदनको अधिकारको सूचना

(न्यायाधिश) यदि तपाई यस फैसलासँग असन्तुष्ट हुनुहुन्छ भने, तपाईंले अभियोजन (अपील) को फाइल गर्न सक्नुहुन्छ। त्यस्तो अवस्थामा, भोलिदेखि १४ दिनभित्र ○ ○ उच्च अदालत (सर्वोच्च अदालत)मा अभियोजन (अपील) को लागि निवेदन दर्ता गर्नुहोस्।

अध्याय ३   पहिलो परीक्षणमा हुने फैसलाको मुख्य वाक्यको उदाहरण

१   दोषी भएको खण्डमा

(१) प्रमुख सजायं

क. आधारभूत प्रकार

· अभियुक्तलाई १ बर्षको कारावास सजायं (कैद) हुनेछ।

· अभियुक्तलाई २००,००० येन जरिवाना गरिनेछ।

· अभियुक्तलाई १० दिनसम्म नजरबन्दमा लिइनेछ।

ख. नाबालकलाई अनियमित सजायं दिएको खण्डमा

अभियुक्तलाई ५ वर्षभन्दा बढी ७ वर्षभन्दा कमको कारावास सजायं दिइनेछ।

ग. दुवै सजायं दिएको खण्डमा

अभियुक्तलाई १ बर्षको कारावास सजायं र २००,००० येन जरिवाना हुनेछ।

エ　主文が2つになる場合

　　被告人を判示第1の罪について懲役1年に，判示第2
　の罪について懲役2年に処する。

(2)　未決勾留日数の算入

　ア　基本型

　　未決勾留日数中30日をその刑に算入する。

　イ　本刑が数個ある場合

　　未決勾留日数中30日を判示第1の罪の刑に算入する。

　ウ　本刑が罰金・科料の場合

　　未決勾留日数中30日を，その1日を金5000円に
　換算して，その刑に算入する。

　エ　刑期・金額の全部に算入する場合

　　・　未決勾留日数中，その刑期に満つるまでの分をそ
　　　の刑に算入する。

　　・　未決勾留日数中，その1日を金5000円に換算
　　　してその罰金額に満つるまでの分を，その刑に算入
　　　する。

(3)　労役場留置

　ア　基本型

　　その罰金を完納することができないときは，金500
　0円を1日に換算した期間被告人を労役場に留置する。

　イ　端数の出る場合

　　その罰金を完納することができないときは，金600
　0円を1日に換算した期間（端数は1日に換算する。）

घ. प्रमुख वाक्य २ वटा भएको खण्डमा

अभियुक्तलाई पहिलो फैसलाको लागि एक बर्षको कारावाससजायं र दोसो फैसलाको लागि दुई बर्षको कारावास सजायं हुनेछ।

(२) अनिर्णित हिरासतका दिनहरुको समावेश

क. आधारभूत प्रकार

अनिर्णित हिरासतका दिनहरुमध्य ३० दिन त्यस सजायंमा समावेश गरिनेछ।

ख. मुख्य सजायं धेरैवटा भएको अवस्थामा

अनिर्णित हिरासतका दिनहरुमध्य ३० दिन फैसलानं १को अपराधकोसजायंमा समावेश गरिनेछ।

ग. मुख्य सजायं जरिवाना अथवा शुल्कको अवस्थामा

अनिर्णित हिरासतका दिनहरुमध्य ३० दिन, १ दिनको ५,००० येनमा रूपान्तरण गरी त्यस सजायंमा समावेश गरिनेछ।

घ. कारावास सजायं र पैसा सम्पूर्णमा समावेश गरेको खण्डमा

• अनिर्णित हिरासतका दिनहरुमध्य त्यस कारावास सजायं पूरा हुने दिन सम्मको भाग त्यस सजायंमा समावेश गरिनेछ।

• अनिर्णित हिरासतका दिनहरुमध्य १दिनको ५,००० येनमा रूपान्तरण गरी जरिवाना रकम बराबर हुने भागसम्म त्यस सजायंमा समावेश गरिनेछ।

(३) श्रम कार्यालयको हिरासत

क. आधारभूत प्रकार

जरिवाना पूर्ण भुक्तान गर्न नसकेमा अभियुक्तलाई १दिनको ५,००० येनको दरले हिसाब गरिएको अवधिसम्म श्रम कार्यालयमा हिरासतमा राखिनेछ।

ख. भिन्न संख्या भएको खण्डमा

जरिवाना पूर्ण भुक्तान गर्न नसकेमा अभियुक्तलाई ६,००० येन १दिनको हिसाब गरिएको अवधि (बाँकी रहेको भिन्न अंशलाई १ दिनको रुपमा लिइनेछ)सम्म श्रम

被告人を労役場に留置する。

(4) 刑の全部の執行猶予

この裁判が確定した日から3年間その刑の執行を猶予する。

(5) 刑の一部の執行猶予の場合

・ 被告人を懲役3年に処する。その刑の一部である懲役6月の執行を2年間猶予する。

・ 被告人を懲役3年に処する。その刑の一部である懲役6月の執行を2年間猶予し，その猶予の期間中被告人を保護観察に付する。

(6) 保護観察

被告人をその猶予の期間中保護観察に付する。

(7) 補導処分

被告人を補導処分に付する。

(8) 没収

ア 基本型

押収してある短刀1本（令和○○年押第○○号の1）を没収する。

イ 偽造・変造部分の没収

押収してある約束手形1通（令和○○年押第○○号の1）の偽造部分を没収する。

ウ 裁判所が押収していない物の没収

○○地方検察庁で保管中の約束手形1通（令和○○年○地領第○○号の1）を没収する。

कार्यालयमा हिरासतमा राखिनेछ।

(४) सम्पूर्ण सजायंको कार्यन्वयनको खारेज

यो मुद्दाको निर्णय भएको मितिबाट ३ वर्षको अवधिसम्म त्यस सजायंको कार्यन्वयन
खारेज गरिनेछ।

(५) एक भागको सजायंको कार्यन्वयनको खारेज गरिएको खण्डमा

· अभियुक्तलाई ३ बर्षको कारावास सजाय हुनेछ। त्यस सजायंको एक भागको
रुपमा रहेको ६ महिनाको जेल सजायंको कार्यन्वयन दुई वर्षको लागि खारेज
गरिनेछ।

· भियुक्तलाई ३ बर्षको कारावास सजाय हुनेछ। त्यस सजायंको एक भागको रुपमा
रहेको ६ महिनाको जेल सजायंको कार्यन्वयन दुई वर्षको लागि खारेज गरी
अभियुक्तलाई निलम्बित अवधिभर सुरक्षा अवलोकन गरिनेछ।

(६) सुरक्षा अवलोकन

अभियुक्तलाई निलम्बित अवधिभर सुरक्षा अवलोकन गरिनेछ।

(७) प्रदर्शन सजायं

अभियुक्तलाई प्रदर्शनको लागि अधीनमा राखिन्छ।

(८) जफत

क. आधारभूत प्रकार

कब्जा गरीएको एक तरवार १ थान(सन् २०○○ कब्जा नं○○ को १) जफत
गरिन्छ।

ख. जाली · परिवर्तन भागको जफत

कब्जा गरिएको जाली बिल १ (सन्२०○○ कब्जा नं○○ को १) जफत गरिन्छ।

ग. अदालतले कब्जा नगरेका चीजहरूको जफत

○○ स्थानीय अभियोजकको कार्यालय मा भण्डार गरिएको जाली बिल १ (सन्
२०○○ क्षेत्र नं ○○ को १) जफत गरिन्छ।

エ　犯罪被害財産の没収

　　〇〇地方検察庁で保管中の現金 8 0 0 万円（令和〇〇年〇地領第〇〇号の 1，当該現金は犯罪被害財産）を没収する。

(9)　追徴

　ア　基本型

　　被告人から金 1 0 万円を追徴する。

　イ　犯罪被害財産の価額の追徴

　　被告人から金 3 0 0 万円（当該金 3 0 0 万円は犯罪被害財産の価額）を追徴する。

(10)　被害者還付

　ア　基本型

　　押収してある本 1 冊（令和〇〇年押第〇〇号の 1）を被害者Aに還付する。

　イ　被害者不明の場合

　　押収してある本 1 冊（令和〇〇年押第〇〇号の 1）を被害者（氏名不詳）に還付する。

　ウ　被害者が死亡した場合

　　押収してある本 1 冊（令和〇〇年押第〇〇号の 1）を被害者Aの相続人に還付する。

(11)　仮納付

　　被告人に対し，仮にその罰金に相当する金額を納付すべきことを命ずる。

(12)　訴訟費用の負担

　　・　訴訟費用は被告人の負担とする。

घ. अपराधद्वारा क्षति भएको सम्पतिको जफत

○ ○ स्थानीय अभियोजकको कार्यालय मा भण्डार गरिएको ८० लाख येन नगद (सन् २० ○ ○ क्षेत्र नं ○ ○ को १, यो नगद अपराध क्षति सम्पति हो) जफत गरिन्छ।

(९) अतिरिक्त शुल्क

क. आधारभूत प्रकार

अभियुक्तबाट १लाख येन अतिरिक्त शुल्क जम्मा गरियो।

ख. अपराधद्वारा क्षति भएको सम्पतिको मुल्यको अतिरिक्त शुल्क

अभियुक्तबाट ३० लाख येन (३० लाख येन अपराध क्षतिग्रस्त सम्पतीको मूल्य हुनेछ) संकलन गरियो।

(१०) पीडितलाई फिर्ता

क. आधारभूत प्रकार

कब्जा गरिएको पुस्तक १ थान (सन् २० ○ ○ कब्जा नं ○ ○ को १) पीडित A लाई फर्काइनेछ।

ख. पीडित अज्ञात भएको अवस्थामा

कब्जा गरिएको पुस्तक १ थान (सन् २० ○ ○ कब्जा नं ○ ○ को १) पीडित (नाम अज्ञात) लाई फर्काइनेछ।

ग. पीडितको मृत्यु भएको अवस्थामा

कब्जा गरिएको पुस्तक १ थान (सन् २० ○ ○ कब्जा नं ○ ○ को १) पीडित A को उत्तराधिकारीलाई फिर्ता दिइनेछ।

(११) अस्थायी भुक्तान

अभियुक्तलाई त्यस जरिवाना बराबरको रकम तिर्न आदेश दिइन्छ।

(१२) मुद्दा खर्चको वहन

· मुद्दा खर्च अभियुक्तले वहन गर्नेछ।

- ・ 訴訟費用は被告人両名の連帯負担とする。
- ・ 訴訟費用は，その2分の1ずつを各被告人の負担と
  する。
- ・ 訴訟費用のうち，証人Aに支給した分は被告人の負
  担とする。
- ・ 訴訟費用中通訳人○○○○に支給した分を除き，そ
  の余の分は被告人の負担とする。

(13) 刑の執行の減軽又は免除

- ・ その刑の執行を懲役1年に減軽する。
- ・ 被告人を懲役1年に処し，その刑の執行を免除する。

(14) 刑の免除

被告人に対し刑を免除する。

2　無罪・一部無罪の場合

(1) 無罪

被告人は無罪。

(2) 一部無罪

本件公訴事実中詐欺の点については，被告人は無罪。

3　その他の場合

(1) 免訴

被告人を免訴する。

(2) 公訴棄却

本件公訴を棄却する。

(3) 管轄違い

本件は管轄違い。

- मुद्दाखर्च दुवै अभियुक्तले संयुक्त रुपमा वहन गर्नुपर्नेछ।

- मुद्दा खर्चको दुई भागको एक भाग प्रत्येक अभियुक्तद्वारा वहन गरिनेछ।

- मुद्दा खर्चमध्ये साक्षी A लाई भुक्तानी गरिएको रकम अभियुक्तले वहन गर्नेछ।

- मुद्दा खर्चमध्ये दोभाषे ○ ○ ○ ○ लाई भुक्तानी गरिएको रकम बाहेक बाँकी सबै खर्च अभियुक्तले वहन गर्नेछ।

(१३) सजायंको कार्यान्वयन कम वा छुट

- त्यस सजायको कार्यान्वयनलाई कारावास १ बर्षमा कम गरिन्छ।

- अभियुक्तलाई १ बर्षको कारावास सजायं दिई त्यस सजायको कार्यान्वयनमा छुट गरिन्छ।

(१४) सजायबाट छुट

अभियुक्तलाई सजायंबाट छुट दिइन्छ।

२ निर्दोषी या आंशिक रूपमा निर्दोषीको अवस्थामा

(१) निर्दोषी

अभियुक्त निर्दोषी छ।

(२) आंशिक रूपमा निर्दोषी

यस घटनाको अभियोजन तथ्यमा ठगीको आरोपको सम्बन्धमा अभियुक्त निर्दोष छ।

३ अन्य अवस्थामा

(१) छुट

अभियुक्तलाई छुट दिइन्छ।

(२) अभियोजनको खारेज

यस मुद्दाको अभियोजनलाई खारेज गरिन्छ।

(३) क्षेत्राधिकारको भिन्नता

यस मुद्दाको क्षेत्राधिकार भिन्न छ।

第4章　控訴審における判決主文の例

1　控訴棄却・破棄

(1)　控訴棄却

・　本件控訴を棄却する。

・　本件各控訴を棄却する。

・　本件控訴中被告人○○に関する部分を棄却する。

(2)　破棄自判

・　原判決を破棄する。被告人を懲役○年○月に処する。

・　原判決中有罪部分を破棄する。被告人は無罪。

・　被告人らに対する各原判決を破棄する。被告人Aを懲役1年に，被告人Bを懲役6月にそれぞれ処する。

・　原判決中被告人○○に関する部分を破棄する。被告人○○を懲役3年に処する。

(3)　破棄差戻し

原判決を破棄する。本件を○○地方裁判所に差し戻す。

(4)　破棄移送

原判決を破棄する。本件を○○地方裁判所に移送する。

2　未決勾留日数の算入

・　当審における未決勾留日数中○○日を原判決の刑に算入する。

・　原審における未決勾留日数中○○日をその刑に算入する。

3　訴訟費用の負担

अध्याय ४ अपील परीक्षणमा फैसला सुनाउने मुख्य वाक्यको उदाहरण

१ अपील खारेज / अस्वीकृति

(१) अपील खारेज

- यस मुद्दाको अपील अस्वीकार गरिन्छ।

- यस मुद्दाको प्रत्येक अपील अस्वीकार गरिन्छ

- यस मुद्दाको अपीलको अभियुक्तसंग ○○ सम्बन्धित अंश अस्वीकार गरिन्छ।

(२) आत्म-निर्धारणको रद्द

- मूल फैसला रद्द गरिन्छ। अभियुक्तलाई ○ वर्ष ○ महिना कारावास सजाय हुनेछ।

- मूल फैसलाको दोषी भाग रद्द गरिन्छ। अभियुक्त निर्दोष छ।

- अभियुक्तहरु विरुद्धको प्रत्येक मूल फैसला रद्द गरिन्छ। अभियुक्त A लाई १ बर्षको कारावास सजायं र अभियुक्त B लाई ६ महिनाको कारावास सजायं दिइनेछ।

- मूल फैसलामा अभियुक्त ○○सँग सम्बन्धित अंश रद्द गरिन्छ। अभियुक्त ○○लाई ३ बर्षको कारावास सजायं दिइनेछ।

(३) रद्द र फिर्ता

मूल फैसला रद्द गरिन्छ। यो मुद्दा ○○ स्थानीय अदालतमा फिर्ता पठाइनेछ।

(४) रद्द र स्थानान्तरण

मूल फैसला रद्द गरिन्छ। यो मुद्दा ○○ स्थानीय अदालतमा हस्तान्तरण गरिन्छ।

२ अनिर्णित हिरासत दिनको समावेश

- यस अदालतको अनिर्णित हिरासत दिनको ○○ दिन मूल फैसलाको सजायंको रुपमा समावेश हुनेछ।

- मूल अदालतको अनिर्णित हिरासत दिनको ○○ दिन सजायंको रुपमा समावेश हुनेछ।

३ मुद्दा खर्चको वहन

- 当審における訴訟費用中通訳人○○○○に支給した分を除き，その余の分は被告人の負担とする。
- 原審における訴訟費用中証人○○○○に支給した分は，被告人の負担とする。

第5章　第一審における判決理由

1　罪となるべき事実

(1)　不正作出支払用カード電磁的記録供用罪及び窃盗罪の例

「被告人は，Ａ名義のキャッシュカードを構成する人の財産上の事務処理の用に供する電磁的記録を不正に作出して構成されたＢ名義のキャッシュカードの外観を有する不正電磁的記録カード1枚を使用して，金員を窃取しようと企て，令和○○年6月12日午前11時30分ころ，東京都杉並区西荻窪4丁目2番5号所在のＣ銀行西荻窪支店において，前後2回にわたり，人の財産上の事務処理を誤らせる目的で，上記カードを同所設置の現金自動預払機に挿入させて同カードの電磁的記録を読み取らせて同機を作動させ，同カードの電磁的記録を人の財産上の事務処理の用に供するとともに，同機からＣ銀行西荻窪支店長管理に係る現金50万円を引き出して窃取したものである。」

(2)　殺人罪の例（確定的故意の場合）

「被告人は，Ａ（当時62歳）に雇われ，東京都江東区山中町5丁目2番4号所在の同人方に住み込んでいたものであるが，被告人が通行人に罵声を浴びせたのを前記Ａから叱責されて口論のあげく激高し，とっさに，同人を殺害

- यस अदालतमा हुने मुद्दा खर्चमध्ये दोभाषे ○ ○ ○ ○ लाई भुक्तानी गरिएको रकम बाहेक बाँकी सबै खर्च अभियुक्तले वहन गर्नेछ।

- मूल अदालतमा हुने मुद्दा खर्चमध्ये साक्षी ○ ○ ○ ○ लाई भुक्तानी गरिएको रकम अभियुक्तले वहन गर्नेछ।

अध्याय ५   पहिलो परीक्षणमा हुने फैसलाको कारण

१   अपराधको रुपमा रहेको तथ्य

(१) अवैध रूपमा सिर्जना गरिएको भुक्तान कार्डबाट विद्युत चुम्बकीय रेकर्डहरू सेवा लिने अपराध तथा चोरीका उदाहरणहरू

「 अभियुक्तले A नामको क्यास कार्ड बनाउन आवश्यक व्यक्तिको सम्पति विवरण अवैध रुपमा इलेक्ट्रोमॅग्नेटिकबाट प्रयोग गरी बनाएको B नामको क्यास कार्डको बाहिरी आवरण मिल्ने अवैध कार्ड बनाई सो कार्ड प्रयोग गरी पैसा निकाल्ने उद्देश्यले सन् २० ○ ○ जून १२ तारिखको बिहान ११:३० बजे टोक्यो सुगीनामी वार्ड निशि-ओगिकुबो४-२-५ मा अवस्थित C बैंक निशि-ओगिकुबो शाखामा भएको स्वचालित टेलर मेसिनमा दुई पटक राखी व्यक्तिको सम्पति विवरण अवैध रुपमा प्रयोग गर्ने उद्देश्यले कार्डको इलेक्ट्रोमॅग्नेटिक रेकर्ड मेसिनमा पढ्न लगाएर सोहि मेसिनबाट C बैंकको निशि-ओजिकुबो शाखा प्रबन्धकको व्यवस्थापनसँग सम्बन्धित ५ लाख येनको नगद निकालेर चोरी गरेको हो। 」

(२) हत्या आरोपको उदाहरण (निश्चितरुपमा जानाजानी गरेको खण्डमा)

「 अभियुक्तलाई A (त्यस बखत ६२ बर्षको उमेर)ले काममा लगाएको थियो र टोक्योको कोतो वार्ड यमानाका-च्यो ५-२-४ अवस्थित घरमा बस्दै आएका थिए। अभियुक्तले बाटोमा हिड्ने मान्छेलाई अपमानजनक शब्द प्रयोग गरेका कारणA ले हप्काएपछि उनीहरुबीच झगडा भयो र अचानक A लाई मार्ने निर्णय गरेर सन् २०

しようと決意し，令和〇〇年3月8日午後7時ころ，同人方6畳間の押し入れの中から刃体の長さ13センチメートルのくり小刀を持ち出して携え，同所において，左手で前記Aの襟首をつかんで引き寄せながら，右手に持っていた前記くり小刀で同人の左胸部を突き刺し，同人がその場から逃げ出すや，追跡して同人方前路上でこれに追い付き，同所において，更に前記くり小刀で同人の左背部を突き刺し，よって，同人をして心臓刺切に基づく失血により即死させて殺害したものである。」

(3) 殺人罪の例（未必的故意の場合）

「被告人は，かねて，東京都千代田区山中2丁目8番9号所在のスナック「甲」の店員A（当時30歳）から軽蔑の目でみられていることに憤まんの情を抱いていたところ，令和〇〇年8月7日午後1時30分ころ，前記「甲」において，客として，前記Aにビールを注文したにもかかわらず，同人から「今日は帰れ。」と断られた上，刺身包丁を示され，「刺すなら刺してみろ。」と言われ，小心者と馬鹿にされたものと激高し酒の酔いも加わった勢いから，とっさに，同人が死亡する危険性が高い行為と分かっていながら，持ち合わせていた登山用ナイフ（刃体の長さ10センチメートル）で，同人の右下腹部を1回突き刺し，よって同月8日午前2時5分ころ，同区北川5丁目8番8号乙病院において同人を右腎等刺切による失血のため死亡させ，もって，同人を殺害したものである。」

(4) 傷害罪の例

○○ मार्च ८ तारिख साँझ ७ बजे आफ्नो ६ तातामी म्याट साइजको कोठाबाट १३ सेन्टिमिटर लामो चेस्टनट चक्कू लिएर त्यहि माथि उल्लेखित A को घाँटीमा देब्रे हातले समाती तानेर दाहिने हातमा भएको चेस्टनट चक्कूले Aको देब्रे छातीमा छेड्ने गरी प्रहार गरे। A त्यहाँबाट भाग्छ, तर अभियुक्तले A लाई लखेटेर सडकमै समात्छ र माथि उल्लेखित चेस्टनट चक्कूले Aको देब्रे ढाडमा प्रहार गर्दा A को मुटुसम्म पर्न गई धेरै रगत बगेर A को तत्काल मृत्यु हुने गरी हत्या गरेको हो।」

(३) हत्याको उदाहरण (अनावश्यकरुपमा जानाजानी गरेको खण्डमा)

「अभियुक्त केहि समय अगाडिदेखि टोक्योको चियोदा वार्ड यामानाका २-८-९मा अवस्थित स्नाक "कोउ"को कर्मचारी A (त्यसबेला ३० वर्ष उमेरको) द्वारा अनादर गरेको कुरामा क्रोधित थियो। अभियुक्त सन् २० ○○ अगस्त ७ तारिख को मध्यराति १:३० बजेतिर माथि उल्लेखत "कोउ" मा एक ग्राहकको रूपमा गई बियर अर्डर गर्दा A ले "आज घर जाउ।" दिन इन्कार गरी साशिमी चक्कू देखाउदै "हान्न सक्छौ भने हानेर देखाउ" भनी सानो मुटु भएको मूर्खको रुपमा गरेको व्यवहारप्रति क्रोधित भई रक्सी पनि लागेको हुनाले निज A को मृत्यु पनि हुनसक्ने खतरा छ भनी जानिकन पनि अचानक आफूसंग भएको पहाड चढ्ने बेला प्रयोग गर्ने चक्कू (ब्लेड लम्बाई १० सेन्टिमिटर लामो)ले A दायाँ तल्लो पेटमा एकपटक प्रहार गरी त्यसैकारण सोहि महिनाको ८ तारिख बिहान २:०५ बजेतिर त्यहि वार्डको कितागावा ५-८-८ मा अवस्थित ओचु अस्पतालमा निज A दाहिने मृगौलामा चक्कू प्रहारको घाउको कारण धेरै रगत बगेर मृत्यु हुने गरी हत्या गरेको हो।」

(४) शारीरिक हानिको अपराधको उदाहरण

「被告人は，令和〇〇年 9 月 2 日午後 1 時 5 分ころ，横浜市港南区日野南 3 丁目 6 番 17 号先路上で，通行中のA（当時 62 歳）に「おまえ，どこを歩いとるんじゃ。」などと因縁をつけ，こぶしでその顔を 2 回殴って転倒させ，その上に馬乗りになって更にその顔をこぶしで数回殴った。この暴行により，Aに約 5 日間の加療を要する右肘部挫滅傷，顔面挫滅傷の傷害を負わせたものである。」

(5)　窃盗罪（万引）の例

　「被告人両名は，共謀の上，令和〇〇年 3 月 4 日午後零時 45 分ころ，東京都豊島区北山町 1 番 2 号株式会社甲池袋店において，同店店長A管理のシャープペンシル 38 本など合計 84 点（定価合計 3 万 0850 円相当）を窃取したものである。」

(6)　窃盗罪（すり）の例

　「被告人両名は，共謀の上，令和〇〇年 3 月 4 日午後 4 時 54 分ころ，東京都台東区山下町 1 番 2 号付近路上で，被告人Xにおいて，通行中のA（当時 30 歳）が右肩に掛けていたショルダーバッグ内から，同人所有の現金 4 万 3759 円及びキャッシュカード等 6 点在中の札入れ 1 個（時価約 1 万円相当）を抜き取って，これを窃取したものである。」

(7)　強盗致死罪の例

　「被告人は，遊興費欲しさとうっ憤晴らしのために，適当な相手を見つけて袋だたきにして所持金等を強取しようと考え，A，Bと共謀の上，令和〇〇年 12 月 3 日午前 3

「अभियुक्त सन्२००० सेप्टेम्बर२ तारिखका दिन राति १:०५ बजेतिर योकोहामा

शहरको कोनान वार्ड हिनो दक्षिण ३-६-१७ अवस्थित सडकमा हिंडिरहेको A (त्यस

समय, ६२ वर्ष उमेर) लाई "तँ कहाँ जान लागिस्!" भन्दै किनारा लगाएर अनुहारमा

२ मुक्का हानेर लडाई निजको जिउमा घोडा चढेको जस्तै बसेर निजको अनुहारमा थप

कैयौं पटक मुक्का हान्यो।   यस आक्रमणका कारण A ५ दिनसम्म उपचार आवश्यक

पर्ने गरी दाँया कुहिना र अनुहारमा चोटपटक पुर्‍याई घाइते बनाएको छ।」

(५) चोरी (शपलिफ्टिंग) को उदाहरण

「दुवै अभियुक्तहरु षडयन्त्र गर्दै सन् २००० मार्च ४ तारिख मध्यरात

००:४५बजेतिर टोक्योको तोशिमा वार्ड कितायामाच्यो १-२ अवस्थित "को" कं लि.को

इकेबुकुरो स्टोरमा स्टोर प्रमुख A ले व्यवस्थापन गरेको शार्प पेन्सिल ८४ थान (कुल

मूल्य ३०,८५० येन) चोरेको हो।」

(६) चोरी अपराध (पिकपकेट) को उदाहरण

「दुवै अभियुक्तहरु षडयन्त्र गर्दै सन् २००० मार्च ४ तारिख साँझ ४:५४ बजेतिर

टोक्योको ताइतो वार्ड यामाशिता-च्यो १-२ अवस्थित सडकमा अभियुक्त X ले हिंडीरहेको

A(त्यस समयमा ३० वर्ष उमेरको) को दाहिने काँधमा झुण्डिएको काँधको झोलाबाट

निजले प्रयोग गर्ने नगद ४३,७५९ येन तथा क्यास कार्ड आदि ६ थान भएको मनिपर्स

१ (बजार मूल्य करिब १०,००० येन बराबर) निकालेर चोरी गरेको हो।」

(७) डकैती-हत्या गर्ने अपराधको उदाहरण

「अभियुक्तहरुले मनोरञ्जन र रमाइलो गर्नको लागि उपयुक्त व्यक्ति खोजी आफ्नो

शिकार बनाई पैसा लुट्ने विचार गरी A र B संगै मिलेर षडयन्त्र गरी सन् २०

०० डिसेम्बर ३ तारिख राति ३:१० बजेतिर साइतामा ओमिया वार्ड तकाहाना-च्यो१४-१

時 10 分ころ，さいたま市大宮区高鼻町 14 番 1 号付近の路上において，たまたま通りかかったC（当時 20 歳）に対し，被告人，A，Bにおいてこもごも，その顔面，頭部，腹部等を多数回にわたってこぶしで殴り，力一杯蹴り付けるなどの暴行を加えた上，Aにおいて，抵抗できなくなったCからその所有する現金 3 万 2000 円くらいが入った財布 1 個を奪い取ったが，その際前記各暴行によって，Cに対し左側急性硬膜下血腫，脳挫傷，外傷性くも膜下血腫の傷害を負わせ，同月 13 日午後 4 時 12 分ころ，さいたま市大宮区盆栽町 2 丁目 3 番 2 号甲病院において，それらの傷害により同人を死亡させたものである。」

(8) 詐欺罪の例

「被告人は，不正に入手した甲カード株式会社発行のA名義のクレジットカードを使用してその加盟店から商品をだまし取ろうと企て，令和○○年 4 月 5 日午前 11 時 15 分ころ，東京都中央区中村町 3 番先乙ショッピングセンター 1 階株式会社丙銀座店において，同店店長Bに対し，代金支払の意思及び能力がないのに，自己がクレジットカードの正当な使用権限を有するAであって，クレジットカードシステムによって代金の支払をするもののように装い，前記クレジットカードを提示してスーツ等 3 点の購入を申し込み，前記Bをしてその旨誤信させ，よって即時同所において，同人からスーツ等 3 点（価格合計 7 万 3700 円相当）の交付を受けてこれをだまし取ったものである。」

(9) 覚醒剤取締法違反罪の例

नजिकैको सडकमा सोही बेला हिँडीरहेको C (त्यस बेला २० वर्ष उमेर)लाई अभियुक्त A र B ले ,अनुहार, टाउको पेट आदि ठाउँमा धेरै पटक मुक्का हानी, जोडले लाताले हानी आक्रमण गरे। A ले केहि ओअनी प्रतिवाद गर्न नसकेको C को नगद ३२,००० येन भएको मनिपर्स लियो। माथि उल्लेखित आक्रमणको कारण C को वांया भाग पक्षघात जस्तो भई ब्लड ट्युमर जस्तो भई, मस्तिष्क तथा शरीरभरि ठूलो घाउ भई त्यहि महिनाको १३ तारिखको दिउँसो ४:१२ बजे साइतामा ओमिया वार्ड बोन्सा -च्यो २-३-२ मा अवस्थित "कोउ" अस्पतालमा गम्भीर घाइतेका कारण मृत्यु भयो। 」

(८) ठगीको उदाहरण

「अभियुक्तले कोउ कार्ड कम्पनी लिमिटेड द्वारा जारी गरीएको ए नामक अवैध क्रेडिट कार्डको प्रयोग गरेर सदस्य स्टोरबाट सामानहरू लिन सन्२००० अप्रिल ५ तारिखको बिहान १११:५ बजे, टोक्यो च्युओ वार्ड नाकामुरा माचि ३ मा अवस्थित कोउ शर्पिंग सेन्टरको पहिलो तल्लामा भएको हिनोए कम्पनी गिन्ज़ा शाखाको पसलमा स्टोर प्रबन्धक बी लाई मूल्य तिर्ने कुनै इरादा र क्षमता नहुँदा पनि कार्ड प्रणाली मार्फत शुल्क तिर्ने अभिनय गरी माथि उल्लेखित क्रेडिट कार्ड देखाएर सुटपीस ३ वटा अर्डर गरे। स्टोर प्रबन्धक बी अभियुक्तको कुरा विश्वास गरी सुटपीस३ थान (जम्मा मूल्य ७३,७०० येन) प्राप्त गरी धोखा दिएको छ।」

(९) उतेजक पदार्थ नियन्त्रण ऐनको उल्लंघन

「被告人は，法定の除外事由がないのに，令和○○年 4
月 5 日午後 6 時 30 分ころ，山中市山田町 3 番 6 号の被
告人方において，覚醒剤であるフェニルメチルアミノプロ
パンの塩類若干量を含有する水溶液を自己の身体に注射し，
もって，覚醒剤を使用したものである。」

⑽　大麻取締法違反罪の例

　　「被告人は，みだりに，大麻を輸入しようと企て，大麻
草 70.94 グラム（種子を含む）を自己の着用する両足
靴下底にそれぞれ隠匿携帯した上，○○○○年 5 月 3 日（現
地時間），A 国○○国際空港から○○航空 017 便の航空
機に搭乗し，令和○○年 5 月 4 日午後零時 30 分ころ千葉
県成田市所在の成田国際空港に到着し，大麻を身につけた
まま同航空機から本邦に上陸し，もって，本邦内に大麻を
輸入したものである。」

⑾　麻薬及び向精神薬取締法違反罪の例

　　「被告人は，みだりに，令和○○年 6 月 10 日午後 6 時
ころ，東京都千代田区田中町 3 番 1 号の被告人方洋服ダン
ス内に麻薬である塩酸ジアセチルモルヒネの粉末約 10 グ
ラムを所持したものである。」

⑿　売春防止法違反罪の例

　　「被告人は，売春をする目的で，令和○○年 10 月 8 日
午後 11 時 20 分ころから同日午後 11 時 45 分ころまで
の間，横浜市港北区新横浜町 2 丁目 5 番 10 号喫茶店「甲」
横付近から同区同町 2 丁目 2 番 4 号乙銀行新横浜支店前に

「अभियुक्तले असाधारण उपचारको लागि कानुनी आधारहरूको अनुपस्थितिमा सन् २०००अप्रिल ५ तारिखको बिहान ६:३० बजे यामानाका शहर यामानाकामाचि ३-६ अवस्थित आफ्नो घरमा मा उतेजक औषधिको रुपमा रहेको फिनिल-मिथाइल-अमीनो-प्रोपेन र पानी घोलको बनाई बाँया हातमा ईजेक्सन लगाई उतेजक औषधि प्रयोग गन्यो।」

(१०) भांग नियन्त्रण ऐनको उल्लंघनको अपराधको उदाहरण

अभियुक्तले कारण बिना भांग आयात गर्ने विचारगरी ७०.९४ ग्राम (बीउ समेत) आफूले लगाएको मोजाको मुनि लुकाएर सन्२००० मे ३ तारिख (स्थानीय समय) मा "A" देशको ○○अन्तर्राष्ट्रिय विमानस्थलबाट○○एयरलाइन्सको उडान नम्बर ०१७ को हवाईजहाजमा बसी सन्२००० मे ४ तारिखको मध्यरात००:३० बजे चिबा प्रान्तमा रहेको नरिता अन्तर्राष्ट्रिय विमानस्थल आइपुगी, आफूसंग जापानभित्र लिएर आएको हो।

(११) नशालु पदार्थ तथा मानसिक असन्तुलन गर्ने औषधि नियन्त्रण सम्बन्धि कानूनको उल्लंघनको उदाहरण

「अभियुक्तले कुनै कारणबिना १० सन्२०००जून १० को साँझ ६:०० बजेतिरटोक्यो चियोदा वार्ड तानाका-च्यो ३-१ मा अवस्थित आफ्नो घरको लुगा राख्ने दराजभित्र डायसिटिल्मोर्फिन हाइड्रोक्लोराइड नामक मादक पदार्थको धूलो करीब १० ग्राम लुकाएर राखेको हो।」

(१२) वेश्यावृत्ति रोकथाम कानूनको उल्लंघनको उदाहरण

「अभियुक्तले देह व्यापार गर्ने उद्धेश्यले सन् २०००अक्टोबर८ तारिखको राति ११:२० बजेदेखि ११:४५ बजेको बीचमा योकोहामा शहरको कोहोकु वार्ड शिन-योकोहामा २-५-१० मा अवस्थित चिया पसल "को" को नजिक सोहि वार्डको २-२-४ "को" बैंकको शिन-योकोहामा शाखा अगाडि सडकमा ओहोरदोहोर गरी, रोकी, साधारण मानिसले थाहा

至る間の路上をうろつき，あるいは立ち止まるなどし，もって，公衆の目にふれるような方法で客待ちをしたものである。」

⒀　過失運転致傷罪の例

　　「被告人は，令和○○年９月12日午前９時30分ころ，普通乗用自動車を運転し，東京都武蔵野市吉祥寺東町31番地付近道路先の左方に湾曲した道路を荻窪方面から三鷹方面に向かい時速約50キロメートルで進行していた。こういった場合，自動車運転者としては前方を注視し，ハンドル操作を正しく行って進路を適正に保って進行すべき自動車運転上の注意義務がある。しかしながら，被告人は足元に落とした地図を拾うのに気を奪われたためこの注意義務に違反して，前方注視を欠き，ハンドルから一瞬手を離したまま，時速約50キロメートルで進行するという過失を犯した。このため，車は対向車線に進入して，対面進行してきたＡ運転の大型貨物自動車の右側面に衝突した上，その衝撃で更に前方に進出して，Ａ運転車両の後方から進行してきたＢ（当時55歳）運転の普通貨物自動車の右前部に衝突した。その結果，Ｂに加療約200日間を要する右股関節脱臼骨折の傷害を負わせたものである。」

⒁　銃砲刀剣類所持等取締法違反罪の例

　　「被告人は，法定の除外事由がないのに，令和○○年６月７日午後７時ころ，横浜市田中町１丁目２番３号付近路上に停車していた自己所有の普通乗用自動車内において，回転弾倉式けん銃１丁をこれに適合する実砲19発と共に

पाउने किसिमले ग्राहकलाई कुर्दै थियो।」

(१३) लापरवाह ड्राइभिंगबाट घाइते गराउने अपराधको उदाहरण

「अभियुक्त सन् २० ○ ○ सेप्टेम्बर १२ तारिख बिहान ९:३० साधारण यात्री कार चलाउँदै टोक्योको मुसासिनो शहरको किचिज्योउजी हिगाशी माचि ३१ नजिकै सडकको बायाँ तिर घुम्ने सडकमा ओगीकुबोबाट मिताकातर्फ प्रतिघन्टा ५० किमी को वेगमा सवारी गर्दै थिए। यस स्थितिमा अभियुक्तले होशियारीपूर्वक गाडी हाँक्नु पर्ने कर्तव्य थियो। ध्यानपूर्वक अगाडि हेरी सही ढंगले स्टेरिंग घुमाई, सहि गतिले सञ्चालन गर्नुपर्ने थियो। यद्यपि भुइँमा खसेको सडक नक्शा उचाल्ने प्रयासमा रहंदा स्टेरिंग तर्फ ध्यान नगई प्रतिघन्टा ५० कि.मि.को गति बढ्न गयो।फलस्वरूप, उनको कार विपरित लेनमा प्रवेश गन्यो, विपरीत दिशाबाट आउँदै गरेको ठूलो डेलिभरी ट्रकसँग ठक्कर खायो, A द्वारा संचालित, यसको दाहिने तर्फको शरीरमा, त्यसपछि आघातबाट अगाडि बढियो अगाडि शरीरको दाहिने भागमा Aको ट्रकलाई पछ्याउँदै आएका B (यस समय ५५ वर्षको उमेर) द्वारा चालित अर्को डेलिभरी ट्रकसँग ठक्कर खायो। फलस्वरूप B दाहिने हिप डिस्लोकेशन फ्रैक्चरको घाइते भयो, जसमा करीव २०० दिनको चिकित्सा उपचार आवश्यक पर्दछ।」

(१४) हातहतियार र तरवार नियन्त्रण कानूनको उलंघन गर्ने अपराधको उदाहरण

「अभियुक्तले कानूनी अपवादात्मक उपचारको लागि कानूनी आधारहरूको अभावमा सन् २० ○ ○ जून ७ तारिखको साँझ ७ बजेतिर योकोहामा शहरको तानाका-च्यो १-२-३ नजिकको सडकमा रोकेर राखेको आफ्नो गाडीमा रिभल्भर १ थान र यसमा राख्ने गोली १९ थान राखिएको थियो।」

保管して所持したものである。」

⒂　出入国管理及び難民認定法違反罪の例

「被告人は，○○国国籍を有する外国人であり，令和○
○年 3 月 10 日，同国政府発行の旅券を所持して，千葉県
成田市所在の成田国際空港に上陸し，我が国に入国したが，
在留期間が令和○○年 4 月 10 日までであったのに，その
日までに在留期間の更新又は変更を受けないで我が国から
出国せず，令和○○年 5 月 11 日まで，神奈川県大和市大
和町 2 丁目 149 番地に居住し，もって，在留期間を経過
して不法に本邦に残留したものである。」

⒃　教唆の例（窃盗）

「被告人は，令和○○年 3 月 4 日午後 2 時ころ，東京都
千代田区北山町 3 番 6 号A方前路上において，Xに対し，
「明日はこの家は留守になる。裏の戸はいつも開いている
から，何か金目のものを取ってこい。」と申し向けて前記
A方から金品を窃取するようにそそのかし，Xをしてその旨
決意させ，よって，同月 5 日午後 3 時ころ，前記A方にお
いて，同人所有の腕時計 1 個（時価 20 万円相当）を窃取
するに至らせ，もって，窃盗の教唆をしたものである。」

⒄　幇助の例（窃盗）

「被告人は，Xが，令和○○年 3 月 4 日午後 3 時ころ，
東京都千代田区北山町 3 番 6 号A方において腕時計 1 個
（時価 20 万円相当）を窃取するに際し，A方前路上でX
のため，見張りをし，もって，同人の犯行を容易ならしめ
てこれを幇助したものである。」

(१५) आप्रवासन नियन्त्रण तथा शरणार्थी पहिचान कानूनको उल्लंघनको उदाहरण

「अभियुक्त एक विदेशी नागरिक हो जुन ○ ○ देशका नागरिकता हो र सन् २०
○ ○ मार्च १० तारिखको दिन उही देशको सरकारले जारी गरेको पासपोर्ट लिएर चिबा
प्रान्तको नारिता शहरमा रहेको नारिता अन्तर्राष्ट्रिय विमानस्थलमा अवतरण गर्‍यो।
यद्यपि उसको जापानको बसाई अवधि सन् २० ○ ○ अप्रिल १० तारिखसम्म
थियो, त्यसपछिको मितिमा बसाई अवधि नविकरण अनुमति वा परिवर्तन नगरी सन्
२० ○ ○ मे ११ तारिखसम्म कानागावा प्रान्तको यामातो शहर यामातो-च्यो २-१४९
को ठेगानामा बस्दै आएको कारण उनी बसेको अवधि पछि गैरकानुनी रुपमा जापानमा
बसेको हो।」

(१६) उत्तेजित गर्नुको उदाहरण(चोरी)

「अभियुक्तले सन् २० ○ ○ मार्च ४ तारिखको दिउँसो २ बजेतिर टोक्योको चियोदावार्ड
कितायामा-च्यो ३-६ मा "A"लाई " यो घरमा भोली कोहि पनि हुँदैन। पछाडिको ढोका
सँधै खुला रहने भएकोले पैसा पर्ने सामान लिएर आऊ।" भनी ए लाई चोरी गर्न प्रेरित
गरी "X" को प्रेरणाबाट सोहि महिनाको ५ तारिख दिउँसो ३ बजे "A" ले त्यस घरको
व्यक्तिको स्वामित्वको एक नाडी घडी (२००,००० येनको बजार मूल्य बराबर) चोरी
गर्‍यो, र यो चोरीको लागि उत्तेजित गर्नुको कारण भयो।」

(१७) सहयोगको उदाहरण(चोरी)

「अभियुक्तले, X ले सन् २० ○ ○ मार्च ४ तारिखको दिउँसो ३ बजेतिर चियोदावार्ड
कितायामा-च्यो ३-६ मा एक नाडी घडी (२००,००० येनको बजार मूल्य बराबर) चोरी
गर्ने बेलामा "A" ले बाटोमा पहरा दिएर X लाई चोरी गर्न सहयोग गर्‍यो। 」

2 証拠の標目

判示第 1 の事実について

- 被告人の当公判廷における供述
- 被告人の検察官に対する令和○○年 2 月 15 日付け供述調書
- 証人Aの当公判廷における供述
- Bの検察官に対する供述調書
- Cの司法警察員に対する供述調書（謄本）
- D作成の被害届
- 司法警察員作成の実況見分調書
- 司法巡査作成の令和○○年 1 月 22 日付け捜査報告書
- 鑑定人E作成の鑑定書
- 押収してある覚醒剤 1 袋（令和○○年押第○○号の 1）

- ○○地方検察庁で保管中のけん銃 1 丁（令和○○年○地領第○○号の 1）
- 分離前の相被告人Yの当公判廷における供述
- 第 3 回公判調書中の証人Aの供述部分
- 証人Cに対する当裁判所の尋問調書
- 証人Dに対する受命裁判官の尋問調書
- 当裁判所の検証調書
- 医師F作成の診断書

3 累犯前科

「被告人は，令和○○年 3 月 26 日○○簡易裁判所で窃盗罪により懲役 8 月に処せられ，令和○○年 11 月 26 日その

२   प्रमाणको शीर्षक

तथ्य नं १ को वास्तविकता सम्बन्धमा

· मुद्दामा अभियुक्तको बयान

· अभियुक्तको अभियोजकको अगाडि दिएको सन् २० ○ ○ फेब्रुअरी १५ तारिखको लिखित बयान

· गवाही साक्षी A को मुद्दामा बयान

· अभियोजकको अगाडि "B" को लिखित बयान

· न्यायिक प्रहरी अधिकारी समक्ष "C" को लिखित बयान (प्रमाणित प्रतिलिपि)

· "D" द्वारा बनाइएको पिडित रिपोर्ट

· न्यायिक प्रहरी अधिकारीले बनाएको साइटको निरीक्षण रिपोर्ट

· न्यायिक कांस्टेबल बनाएको सन् २०○ ○ जनवरी २२ तारिख मितिको अनुसन्धान रिपोर्ट

· मूल्यांकनकर्ता "E" द्वारा लिखित मूल्यांकन पत्र

· यस अदालतले कब्जा गरेको उत्तेजक औषधको १ वटा प्लास्टिक झोला (सन् २० ○ ○ कब्जा नं ○ ○ को १)

· ○ ○ स्थानीय अभियोजकको कार्यालयमा राखिएको ह्यान्डगन १ थान (सन् २०○ ○ कब्जा नं ○ ○ को १)

· कार्यवाहीको छुट्टिनु अघिको अभियुक्त र Y को यस अदालतमा गरिएको बयान

· नं ३ परीक्षण रेकर्डमा साक्षी A को रेकर्ड गरिएको गवाही

· यस अदालत समक्ष परीक्षामा साक्षी C को प्रमाण

· अधिकार प्राप्त न्यायाधिशको अगाडि परीक्षामा गरिएको साक्षी D को रेकर्ड

· यस अदालतले प्रमाणिकरण रेकर्ड

· चिकित्सक F द्वारा गरिएको पूर्ण मेडिकल रिपोर्ट

३   आपराधिक रेकर्ड

「सरकारी अभियोजकको सहायक अधिकारीले तयार गरेको अभियुक्तको आपराधिक रेकर्ड भएको कागजात अनुसार ○ ○ सारांश अदालतले फेला पारे कि अभियुक्तलाई सन्

刑の執行を受け終わったものであって，この事実は検察事務官作成の前科調書によってこれを認める。」

4 確定判決

「被告人は，令和〇〇年3月10日〇〇地方裁判所で傷害罪により懲役1年に処せられ，その裁判は同月25日確定したものであって，この事実は検察事務官作成の前科調書によってこれを認める。」

5 法令の適用

「被告人の判示所為は刑法199条に該当するところ，所定刑中有期懲役刑を選択し，その刑期の範囲内で被告人を懲役8年に処し，同法21条を適用して未決勾留日数中120日をその刑に算入し，押収してある刺身包丁1本（令和〇〇年押第〇〇号の1）は判示犯行の用に供した物で被告人以外の者に属しないから，同法19条1項2号，2項本文を適用してこれを没収し，訴訟費用は，刑事訴訟法181条1項ただし書を適用して被告人に負担させないこととする。」

6 量刑の理由

出入国管理及び難民認定法違反の例

・　本件は，Y国国民である被告人が，定められた在留期間を越えて不法に我が国に残留したという事案である。

・　被告人が我が国に不法に残留した期間が2年余りの長期であることなどに照らすと，被告人の刑事責任は重い。

・　他方で，被告人は，本件犯行について反省の態度を示

२०○ ○ मार्च २६ तारिखमा चोरीको काममा ८ महिना कारावास सजायको कार्यन्वयन सुनाइएको थियो र सन् २०○ ○ नोभेम्बर २६ तारिखमा जेल सजाय पूरा भयो।」

४ परिभाषित फैसला

「सार्वजनिक अभियोजकको सहायक अधिकारीले तयार गरेको अभियुक्तको आपराधिक रेकर्ड भएको कागजात अनुसार ○○ स्थानीय अदालतले फेला पारे कि अभियुक्तलाई सन्२०○ ○ मार्च १० तारिखमा चोट लगाएको अपराधको आरोपमा एक वर्ष कारावास सजाय सुनाइएको थियो र सही महिनाको २५ तारिखमा फैसला अन्तिम र बाध्यकारी भयो। 」

५ कानून र नियमको प्रयोग

「अभियुक्तको कार्य जुन अदालतले फेला पारे यो दण्ड विधानको धारा १९९ अन्तर्गत आउँछ। धाराले प्रदान गरेको सजायका प्रकारहरूमा निश्चित अवधिमा कामको साथ कारावासको सजायं छनौट गरिसकेपछि अदालतले प्रतिवादीलाई ८ वर्ष कारावासको सजाय सुनाइयो। दंड संहिताको धारा २१ लागू गर्दा १२० दिनको अनिर्णित हिरासतको रुपमा पूर्व सजाय तोकिएको सजायको अवधिबाट कटौती गरिने छ। कब्जा गरिएको भान्छा चक्कु १ थान (सन् २० ○○ कब्जा नं ○○ को १) जुन अभियुक्तले प्रयोग गरेको थियो र अभियुक्तको बाहेक अरु कसैको थिएन। धारा १९ अनुच्छेद (१), आईटम २ अन्तर्गत जफत गरिनेछ। पेनल कोड र समान अनुच्छेद को मुख्य धारा। (२)अभियुक्तलाई फौजदारी कार्यविधि संहिताको धारा १८१ अनुच्छेद को प्रावधान धारा बमोजिम (१)मुद्दा खर्च बाट छुट दिइनेछ।」

६ सजाय दिने कारण

अध्यागमन नियन्त्रण तथा शरणार्थी पहिचान कानूनको उल्लंघनको उदाहरण

- यो एक केस हो जहाँ अभियुक्त, Y देशको एक नागरिक, अनुमति अवधिभन्दा बढी अवैध रुपमा जापानमा बसेको छ।

- गैरकानुनी रुपमा बसेको अवधि २ वर्ष भन्दा बढी भन्दा लामो थियो भन्ने तथ्य सहितको परिस्थितिहरूको आधारमा, अभियुक्तको आपराधिक जिम्मेदारी भारी हुन्छ।

- अर्कोतर्फ, अभियुक्तले यो अपराधको बारेमा पछुतो व्यक्त गरे, र आश्वासन दिए

し，今後は，本国に帰って，まじめな生活を送りながら，立ち直っていくことを誓っていること，被告人と生活を共にしていた婚約者が，被告人の本国で被告人と結婚して共に生活する気持ちでおり，被告人に対する寛大な処罰を訴えていることなど，被告人にとって酌むべき事情もある。

・　そこで，これらの事情を総合して主文のとおり刑を量定した。

第6章　控訴審における判決理由

1　理由の冒頭部分

本件控訴の趣意は，弁護人甲作成名義〈検察官乙提出〉の控訴趣意書記載のとおりであり，これに対する答弁は，検察官乙作成名義〈弁護人甲作成名義〉の答弁書記載のとおりであるから，これらを引用する。

控訴趣意中量刑不当〈事実誤認，訴訟手続の法令違反，理由不備〉の主張（論旨）について

2　理由の本論部分

(1)　控訴棄却

所論は，要するに，被告人には，本件輸入に係る物品が覚醒剤であるとの認識がなかったのであるから，被告人にその認識があったとして覚醒剤輸入の罪の成立を認めた原判決には，判決に影響を及ぼすことが明らかな事実の誤認があるというのである。しかし，原判決挙示の各証拠によ

कि ऊ उनी आफ्नो देश फर्कनेछ /, कडा परिश्रम गर्नेछ र आफैलाई पुनर्वास गर्नेछ। उनको मंगेतर जो उनीसँगै बस्थे, उनको देशमा गई उनीसंग विवाह गरी एक विवाहित जीवन बिताउने इच्छा छ। उनको लागि एक उदार सजाय को लागी परिस्थिति अभियुक्तलाई अनुकूल छन्।

· यी सबै अवस्थालाई ध्यानमा राख्दै अदालतले फैसलाको मुख्य वाक्यमा फैसला गरे बमोजिम सजाय निर्धारण गन्यो।

अध्याय ६   अपील परीक्षणमा फैसलाको कारण

१   कारणको सुरुवाती भाग

यस अपीलको उद्देश्य प्रतिवादी वकिल ए को नाम (अभियोजक बी द्वारा पेश गरिएको) अपीलसूचनापत्रमा वर्णन गरिएको छ र यसको उत्तर अभियोजक बीको नाम (प्रतिवादी वकिल ए द्वारा बनाइएको नाम) को जवाफमा वर्णन गरिएको छ। त्यसकारण, यी उद्धृत गरियो।

अपील सूचनापत्रको अन्यायपूर्ण सजाय (तथ्यको गलत पहिचान, अभियोग प्रक्रियाको कानूनी उल्लंघन, अपर्याप्त कारण) को दावी (उद्देश्य) को सम्बन्धमा

२   कारणको मुख्य पक्ष

(१) अपील खारेज

संक्षेपमा भन्ने हो भने, अभियुक्तले आयातमा संलग्न सामानहरू उत्तेजकहरू हुन् भनेर चिन्न सकेन, त्यसैले अदालतले फैसला गरे कि आरोपीलाई उत्तेजकहरू आयात गर्ने अपराध छ। त्याहाँ तथ्यहरू को एक गलतफहमी हो कि फैसलालाई असर गर्ने कुरा स्पष्टछ। यद्यपि मूल फैसलाको प्रमाणहरू अनुसार अभियुक्त त्यो व्यक्ति हो जो अहिले सम्म जापान र ○ ○ देशको बीचमा २० पटक ○ ○ मालवाहक एक्सएक्सको

ると，被告人は，本件に至るまで，貨物船〇〇の船員として約 20 回日本国と〇〇国との間を往復している者である上，〇〇国において船員としての教育を受けるに当たり，覚醒剤等の密輸が禁止されていることや関税関係法規等についての知識を得ていることが認められるから，覚醒剤が概ねどのような物品であるかを承知していたと推認されるところである。そして，このことを前提として，甲から本件物品の運搬を依頼された際の物品の運搬ないし引渡しの方法についての指示内容が極めて密行性を帯びたものであったこと，被告人は本件物品がビニール製 5 袋に分けられた白色の結晶状を呈した物質であることを確認していること，搬入の手段，方法が覚醒剤等を持ち込む際によく行われる典型的な隠匿運搬方法を採っていること，その他本件発覚前後の証拠隠滅工作，被告人の捜査官に対する供述の内容等記録によって認められる諸事情をも考え合わせると，本件物品が覚醒剤であるとは知らなかったという被告人の弁解は到底信用できるものではなく，本件輸入の際，被告人は本件物品が覚醒剤であるとの認識を有していたと認めるのが相当である。

したがって，原判決がその挙示する各証拠を総合して原判示事実を認定したことは相当であり，原判決に事実誤認はないから，論旨は理由がない。

(2) 破棄自判

所論は，要するに，被告人を禁錮 1 年 6 月に処した原判決の量刑は重すぎて不当であるというのである。

नाविकको रुपमा यात्रा गरिरहेको छ। ○○ देशमा समुद्री सफ्टवेयरको रुपमा शिक्षा प्राप्त गर्दा, यो उत्प्रेरकहरू आदिको तस्करी निषेध गरिएको छ र उनीहरूलाई व्यापार सम्बन्धित कानून र नियमहरूको ज्ञान छ भनेर मान्यता छ, यो थाहा थियो कि त्यसोभए कस्तो प्रकारका लेखहरू उतेजक हुन् भन्नेमा उनी सजग थिए। यसको आधारमा, पार्टी ए द्वारा लिने अनुरोध गर्दा सामान बोक्ने वा हस्तान्तरण गर्ने विधि सम्बन्धी निर्देशनहरू अत्यन्त घोर थिए। सेतो प्लास्टिक थैलीमा विभाजित सेतो क्रिस्टल पदार्थको रुपमा पुष्टि गरिएको छ, र बोक्नको लागि साधन र विधि विशिष्ट लुकाइएको यातायात विधिहरू हुन् जुन प्राय उतेजकहरू इत्यादिमा ल्याउँदा प्रयोग गरिन्छ। माथिको अतिरिक्त, र यस मामलाको अन्वेषण अघि र पछाडि प्रमाण नष्ट गर्ने विधिको द्वारा मान्यता प्राप्त विभिन्न परिस्थितिहरूको अतिरिक्त, र अनुसन्धानकर्तालाई प्रतिवादीले दिएको बयानको सामग्री जस्ता परिस्थितिहरू, बहाना कुनै पनि विश्वसनीय छैन, र यो स्वीकार गर्नु उचित छ कि आयातको समयमा अभियुक्तलाई थाहा थियो कि त्यो वस्तु उतेजक हो।

तसर्थ, यो उचित छ कि मूल फैसलाले मूल फैसलाको तथ्यलाई मूल फैसलाद्वारा प्रस्तुत सम्बन्धित प्रमाणहरू संश्लेषित गरेर फेला पारे र मूल फैसलामा तथ्यको गलत पहिचान छैन, त्यसैले त्यहाँ तर्कको कुनै कारण छैन।

(२) आत्म-निर्धारणको रद्द

संक्षेपमा भन्ने हो भने अभियुक्तलाई १ वर्ष ६ महिनाको कारावास सजाय दिने मूल फैसला अति नै भारी र न्यायसंगत छैन।

記録によれば，本件事故は，被告人が前車の発進に気を
許し左方の安全を確認することなく発進進行した過失によ
り，折から横断歩道上を自転車に乗って進行していた被害
者に自車を衝突転倒させ死亡させたというものであって，
過失及び結果の重大性にかんがみると，所論指摘の被告人
に有利な事情を十分考慮しても，原判決の量刑は，その宣
告時においては相当であったと認めることができる。

　しかし，当審事実取調べの結果によれば，原判決後，被
害者の遺族との間に，さらに任意保険等から・・・・・合
計2000万円を支払うことで示談が成立していること，
示談の成立に伴い被害感情は一層和らぎ，被害者の遺族か
ら寛大な処分を望む旨の上申がなされるに至っていること
などの事情が認められ，これによれば，原判決の量刑は，
現時点においては刑の執行を猶予しなかった点において重
きに失し，これを破棄しなければ明らかに正義に反すると
いわなければならない。

3　法令の適用部分

(1)　控訴棄却

　よって，刑訴法396条により本件控訴を棄却し，刑法
21条により当審における未決勾留日数中50日を原判決
の刑に算入し，当審における訴訟費用は刑訴法181条1
項本文を適用して被告人に負担させることとし，主文のと
おり判決する。

(2)　破棄自判

　よって，刑訴法397条2項により原判決を破棄し，同

रेकर्डका अनुसार यस मुद्दाको दुर्घटना अभियुक्तको लापरवाहीको कारण भएको थियो। अभियुक्तले गाडी चलाउंदा बायाँ तर्फ राम्री ध्यान नदिई मोड्दा जेब्रक्रसमा साइकल चढेर बाटो काटिरहेको पीडितसंग ठोक्किन गई दुर्घटनाग्रस्त भयो र साइकल चालकको मृत्यु भयो। परिणामको लापरवाही र गम्भीरतालाई ध्यानमा राख्दै, मूल फैसलाको सजाय स्वीकार गर्न सकिन्छ कि यो निर्णय उचित थियो।

यद्यपि तथ्य पत्ता लगाउने अनुसन्धानको नतीजा अनुसार स्वैच्छिक बीमाबाट····· जम्मा २ करोड येन तिरेर मूल फैसला पछि पीडितको जीवित परिवारसँग अदालत बाहिर मिलाप सम्पन्न भयो। यद्यपि यो मान्यता थालियो कि अदालत बाहिरको मिलापले बस्तीको स्थापनासँगै पीडितको भावनालाई राम्रो भएको थियो र पीडितले बचेका व्यक्तिहरुले उदार स्वभावका लागि निवेदन दिन थालेका छन्। यो भन्नु पर्दछ कि वर्तमान समयमा सजायको कार्यान्वयनको खारेज गम्भीर रूपमा हराएको थियो किनकि यो स्थगित गरिएको थिएन र यो विनाश नभएसम्म यो न्यायको बिरुद्दमा रहेको थियो।

३ कानून र नियमको लागू अंश

(१) अपील खारेज

त्यसकारण, फौजदारी कार्यविधि संहिताको धारा ३९६ अन्तर्गत खारेज गरियो र दण्ड विधानको धारा २१ ले मूल फैसलामा मुद्दा अगाडि अनिर्णित हिरासतको दिनमध्य ५० दिनलाई मूल फैसलाको सजायंको रुपमा समावेश गऱ्यो। त्यसोभए, मूल अदालत र अदालतको खर्च अभियोगीले फौजदारी कार्यविधि संहिताको १८१ को धारा १ को प्रावधान लागू गरी आरोपी बोझ वहन गर्न जिम्मेवार हुनेछ, र सजायको फैसला हुनेछ।

(२) आत्म-निर्धारणको रद्द

त्यसकारण, मूल फैसला धारा ३९७ अनुच्छेद २, फौजदारी कार्यविधि संहिताको व्यहोरा

法400条ただし書により更に次のとおり判決する。

　原判決が認定した罪となるべき事実に原判決と同一の法令を適用（科刑上一罪の処理，刑種の選択を含む。）し，その刑期の範囲内で被告人を懲役2年10月に処し，刑法21条により原審における未決勾留日数中50日をその刑に算入し，原審及び当審における訴訟費用は刑訴法181条1項ただし書を適用して被告人に負担させないこととし，主文のとおり判決する。

(3)　破棄差戻し

　よって，刑訴法397条1項，377条3号により原判決を破棄し，同法400条本文により本件を原裁判所である○○簡易裁判所に差し戻すこととし，主文のとおり判決する。

द्वारा रद्द, उही कानूनको धारा ४०० को प्रावधानको आधारमा, निम्न न्याय गरिएको छ।

मूल सजायको रूपमा सोही कानून र नियमलाई यो तथ्यमा लागू गरियो कि मूल सजाय एउटा अपराध हो लाई (सजायको छनौट सहित एक वाक्यको प्रशोधन सहित) पाईन्थ्यो, र आरोपीलाई २ वर्ष १० महिनाको कारावास सजाय सुनाइएको थियो। मूल अदालतमा पक्राउ गरिएको अनिर्णित हिरासतको दिनहरू मध्ये ५० दिन दण्ड विधानको धारा २१ अन्तर्गतको सजायमा समावेश हुनेछन्, र मूल अदालत र अदालतको मुद्दा खर्च अभियोगीले फौजदारी कार्यविधि संहिताको १८१ को धारा १ को प्रावधान लागू गरी वहन गर्न सक्नेछैन र मुख्य वाक्य अनुसार फैसला गरिन्छ।

(३) रद्द र फिर्ता

त्यसकारण, मूल फैसला धारा ३९७ अनुच्छेद १ र धारा ३७७ ३ नं को , फौजदारी कार्यविधि संहिताको व्यहोरा द्वारा रद्द गरी मुद्दालाई मूल अदालत, सरलीकृत ○ ○ सारांश अदालतमा फिर्ता पठाउनुपर्नेछ, र सोही कानूनको धारा ४०० को पाठले निर्णय सुनाईनेछ र मुख्य फैसलाका आधारमा फैसला सुनाइनेछ।

第4編

法律用語等の対訳

第4編　法律用語等の対訳
第1章　法律用語の対訳

【あ　行】

・相被告人［共同被告人］	・आरोप लगाइएको व्यिकत (सह-आरोपी)
・あおる	・उक्साउनु
・アリバイ	・साक्षी
・アルコール中毒	・अल्कोहल द्रव्यसनी
・言い渡す	・सुनाउनु
・異議	・अपिल
・異議の申立て	・अपिलको निवेदन, आपित्त जनाउनु
・意見陳述	・विचार (राय)को बयान
・移送（被告事件の）	・सरुवा (परितवादिको घटनाको)
・移送（被告人の）	・सरुवा (आरोपित व्यािकतको)
・一事不再理	・दोब्बर खतरा
・遺伝	・वंश
・居直り強盗	・चोर जसले अनुसन्धानको करममा हिँसा मचाउँछ
・違法収集証拠	・गैरकानूनी रुपमा पराप्त सबूत
・違法性	・गैरकानूनी
・違法性阻却事由	・गैरकानूनी नकारात्मक तत्व, न्यायसंगत बनाउन लायक कारण
・医療刑務所	・मेडिकल जेल
・医療の終了	・उपचारको समाप्ति
・因果関係	・कारण र असर; कायरकारण सम्बन्ध
・因果関係の中断	・कारण र असर; कायरकारण सम्बन्धको अवरोध
・インターネット異性紹介事業	・इन्टरनेटमा आधारित

・引致	・कारण
・隠匿する	・लुकाउनु
・員面調書	・कर्मचारी रेकर्ड
・うそ発見器	・झूटो डिटेक्टर
・疑うに足りる相当な理由	・शंका गर्नुपर्ने उचित कारण
・写し	・कापी
・うつ病	・डिप्रेसन
・営業秘密	・व्यापार गोप्य
・営利の目的	・नाफाको उद्देश्य
・閲覧する	・ब्राउज गर्नुहोस्
・えん罪	・गलत आरोप
・援用	・प्रयोग गर्नु
・押印	・छाप
・押収	・कब्जा
・押収物	・कब्जा गरिएका सामानहरु
・汚職	・भ्रष्टाचार
・おとり捜査	・स्टिंग अपरेशन
・恩赦	・माफ

【か 行】

・戒護	・गार्ड
・改ざんする	・झूटा बताउनुहोस्
・開示	・खुलासा
・改悛の情	・विद्रोह को भावनाहरु
・外傷性	・आघातिक
・海上保安庁	・तटरक्षक

・海上保安留置施設	・कोस्ट गाडर हिरासत सुविधा
・開廷	・अदालत खुला गरेको
・回答書	・उत्तर पुस्तक
・外務省	・परराष्ट्र मन्तरालय
・科学警察研究所（科警研）	・विज्ञान पुलिस अनुसन्धान संस्थान
・覚醒剤	・उत्तेजक
・覚醒剤中毒者	・उत्तेजक लत
・確定	・पुष्टि गनुरहोस्
・確定判決	・परिभाषित फैसला
・科刑上一罪	・वाकयमा एक वाकय
・過失	・लापरवाही
・過失犯	・लापरवाही अपराध
・過剰避難	・अत्यधिक निकासी
・過剰防衛	・ओभरडेन्स
・加重	・तौल
・家庭裁判所（家裁）	・परिवार अदालत
・家庭裁判所調査官	・परिवार अदालत अन्वेषक
・可罰的違法性	・दंडनीय अवैधता
・仮釈放	・अस्थायी रिहा
・仮納付	・अस्थायी भुकतान
・仮放免	・अस्थायी रिलीज
・過料	・गलत शुल्क
・科料	・सानो अपराधमा लागने दण्ड शुल्क
・簡易公判手続	・सरलीकृत परीकषण परकिरया
・簡易裁判所（簡裁）	・सारांश अदालत (सरलीकृत)
・姦淫	・व्यभिचार

・管轄　　　　　　　　　　　　　・क्षेत्राधिकार

・管轄違い　　　　　　　　　　　・क्षेत्राधिकारको भिन्नता

・間接事実　　　　　　　　　　　・अप्रत्यक्ष तथ्य

・間接証拠　　　　　　　　　　　・अप्रत्यक्ष प्रमाण

・間接正犯　　　　　　　　　　　・अप्रत्यक्ष अपराधी

・監置　　　　　　　　　　　　　・पर्यवेक्षण

・鑑定　　　　　　　　　　　　　・मूल्यांकन

・鑑定証人　　　　　　　　　　　・मूल्यांकनकर्ता

・鑑定嘱託書　　　　　　　　　　・मूल्यांकन सम्झौता

・（鑑定その他）医療的観察　　　・अवलोकन चिकित्सा (मूल्यांकन र अन्य)

・鑑定手続実施決定　　　　　　　・मूल्यांकन प्रक्रिया कार्यान्वयन निर्णय

・鑑定入院命令　　　　　　　　　・मूल्यांकन अस्पताल भर्ती आदेश

・鑑定人　　　　　　　　　　　　・मूल्यांकनकर्ता

・鑑定留置　　　　　　　　　　　・मूल्यांकन हिरासत

・観念的競合　　　　　　　　　　・वैचारिक प्रतिस्पर्धा

・還付　　　　　　　　　　　　　・फिर्ती

・管理売春　　　　　　　　　　　・व्यवस्थापन वेश्यावृत्ति

・期間　　　　　　　　　　　　　・अवधि

・棄却する　　　　　　　　　　　・अस्वीकार

・偽計　　　　　　　　　　　　　・गलत गणना

・期日　　　　　　　　　　　　　・अन्तिम रेखा

・期日間整理手続　　　　　　　　・मिति व्यवस्था प्रक्रिया

・期日間整理手続調書　　　　　　・अन्तिम समयरेखा प्रक्रिया प्रक्रिया रेकर्ड

・既遂　　　　　　　　　　　　　・पूरा भयो

・偽造　　　　　　　　　　　　　・जालसाजी

・起訴事実　　　　　　　　　　　・अभियोजन तथ्य

・起訴状	・अभियोग
・起訴状の訂正	・अभियोगको सुधार
・起訴する	・अभियोजन
・起訴猶予	・अभियोजन ढिलाइ
・既判力	・फैसला
・忌避	・चोरी
・基本的人権	・आधारभूत मानव अधिकार
・欺罔する（欺く）	・छल (धोका)
・客体の錯誤	・वस्तु त्रुटि
・却下する	・अस्वीकार
・求刑	・सजायंको माग
・急迫の危険	・तत्काल खतरा
・急迫不正の侵害	・तत्काल ठगी उल्लंघन
・恐喝する	・ब्ल्याकमेल
・凶器	・हतियार
・教唆する	・उत्तेजित गर्नु
・供述	・वक्तव्य
・供述拒否権	・वक्तव्य अस्वीकार गर्ने अधिकार
・供述書	・शपथ पत्र
・供述調書	・लिखित बयान
・供述の任意性	・मनमानी कथन
・［強制］送還	・स्वदेश फिर्ता [जबरजस्ती]
・強制捜査	・जबरजस्ती अनुसन्धान
・共同正犯	・संयुक्त अपराधी
・共同被告人	・सहप्रतिवादी-
・共同暴行	・संयुक्त आक्रमण

・脅迫する	・धम्की
・共犯	・पूरा
・共謀	・षडयन्त्र
・共謀共同正犯	・सह-षडयन्त्रकारी
・業務上過失	・व्यवसाय लापरवाही
・業務上の注意義務	・व्यवसायमा सावधानीको कर्तव्य
・挙証責任	・प्रमाणको बोझ
・記録命令付差押え	・रेकर्डिं कमान्डको साथ माथिको
・記録命令付差押許可状	・रेकर्ड अर्डरको साथ जफत अनुमति
・記録命令付差押調書	・रेकर्ड आदेशको साथ कब्जा को रेकर्ड
・緊急逮捕	・आपतकालिन गिरफ्तार
・緊急避難	・आपतकालिन शरण
・禁錮	・कैद, कारावास
・禁制品	・निषेधित उत्पादनहरू
・区	・वार्ड
・区検察庁（区検）	・वार्ड अभियोजकको कार्यालय (वार्ड अभियोजक)
・区分審理	・भिन्न परीक्षण
・刑期	・वाक्य
・警告	・चेतावनी
・警察署	・प्रहरी चौकी
・警察庁	・राष्ट्रिय प्रहरी एजेन्सी
・警察庁次長	・राष्ट्रिय प्रहरी एजेन्सी उप निर्देशक
・警察庁長官	・राष्ट्रिय प्रहरी एजेन्सी सचिव
・警視	・पुलिस कमाण्ड
・警視監	・प्रहरी अधिकृत
・刑事施設	・दंड संस्था

・刑事収容施設	・आपराधिक हिरासत सुविधा
・刑事処分	・आपराधिक स्वभाव
・警視正	・प्रहरी कमाण्डर
・刑事責任	・आपराधिक जिम्मेदारी
・警視総監	・महानिरीक्षक
・刑事第 1 部	・आपराधिक भाग १
・警視庁	・महानगर पुलिस विभाग
・警視長	・महत्वपूर्ण कमाण्डर
・刑事未成年者	・आपराधिक नाबालिगहरू
・刑の一部の執行猶予	・सजायंको एक भागको सजायं कार्यन्वयन खारेज
・刑の全部の執行猶予	・सजायको सम्पूर्ण सजायं कार्यन्वयन खारेज
・刑の量定に影響を及ぼす情状	・सजाय दण्ड लाई असर गर्ने परिस्थिति
・刑罰	・सजाय
・頚部	・घाँटी
・警部	・निरीक्षक
・警部補	・सहायक निरीक्षक
・刑務官	・जेल अधिकारी
・刑務所	・जेल
・刑務所長	・जेल निर्देशक
・結果回避義務	・परिणामबाट बच्ने दायित्व
・欠格事由	・अयोग्यताको कारण
・結果的加重犯	・यसको परिणामस्वरूप भारित अपराध
・結審する	・निष्कर्ष
・決定	・निर्णय
・県	・प्रिफेक्चर
・原因において自由な行為	・नि शुल्क कार्य कारणमा

- 厳格な証明
- 県警察本部
- 現行犯
- 現行犯人逮捕手続書
- 原裁判所
- 検察官
- 検察官請求証拠
- 検察事務官
- 検察審査員
- 検察審査会
- 検視
- 検事
- 検事正
- 検事総長
- 検事長
- 現住建造物
- 検証
- 検証調書
- 原審
- 原審弁護人
- 限定責任能力
- 原判決
- 憲法違反
- 原本
- 検面調書
- 権利保釈

- कडा प्रमाण
- प्रिफेक्चुरल पुलिस मुख्यालय
- वर्तमान अपराधी
- वर्तमान आपराधिक गिरफ्तार प्रक्रिया
- मूल अदालत
- अभियोजक
- अभियोजकको दावी प्रमाण
- अभियोजकको सहायक अधिकारी
- अभियोजन न्यायाधीश
- अभियोजन परीक्षा समिति
- निरीक्षण
- अभियोजक
- अभियोजकको कार्यालय
- प्रमुख महाधिवक्ता
- महाधिवक्ता
- आवासीय भवन
- प्रमाणिकरण
- प्रमाणिकरण रेकर्ड
- मूल अदालत
- वकिल अधिवक्ता
- सीमित दायित्व
- मूल फैसला
- संविधानको उल्लंघन
- मूल
- निरीक्षण रेकर्ड
- जमानतको अधिकार

・牽連犯	・फँसेको अपराधी
・故意	・जानाजानी, अभिप्राय, मनसाय
・合意書面	・लिखित सम्झौता
・勾引状	・प्रलोभन
・勾引する	・कटौती
・合議体	・प्यानल
・公共職業安定所（職安）	・सार्वजनिक रोजगार सुरक्षा कार्यालय (व्यावसायिक सुरक्षा)
・抗拒不能	・प्रतिरोध गर्न सक्दैन
・後見監督人	・संरक्षण निर्देशक
・後見人	・संरक्षक
・抗告	・विरोध अपील
・抗告裁判所	・विरोध अपीलको अदालत
・抗告の趣旨	・विरोध अपीलको उद्देश्य
・抗告の取下げ	・विरोध अपीलको फिर्ता
・公使	・मन्त्री
・強取する	・लिनुहोस्
・公序良俗	・सार्वजनिक आदेश र नैतिकता
・更新する	・अद्यावधिक गर्नुहोस्
・更生	・पुनरुत्थान
・更正決定	・निर्णय सच्याउनुहोस्
・構成裁判官	・संवैधानिक न्यायाधिश
・構成要件	・संवैधानिक आवश्यकताहरू
・厚生労働省	・स्वास्थ्य, श्रम र कल्याण मन्त्रालय
・厚生労働大臣	・स्वास्थ्य, श्रम र कल्याण मन्त्री
・控訴	・अपील, कोसो-अपील

・公訴	・सार्वजनिक अभियोजन
・公訴棄却	・अभियोजनको खारेज, अभियोजनको अस्वीकृति
・控訴棄却	・अपील खारेज, कोसो-अपील खारेज
・公訴権濫用	・अभियोजनको दुरुपयोग
・控訴裁判所	・अपील अदालत, कोसो-अपील अदालत
・公訴時効	・सार्वजनिक अभियोजनको हदबन्दी
・公訴事実	・अभियोजन तथ्य
・控訴趣意書	・अपील सूचनापत्र, कोसो-अपील सूचनापत्र
・控訴審	・अपील परीक्षण, कोसो-अपील परीक्षण
・公訴提起	・अभियोजनको उठान
・控訴提起期間	・अपीलको प्रस्ताव अवधि, कोसो-अपीलको प्रस्ताव अवधि
・控訴申立書	・अपीलयाचिका, कोसो-अपील याचिका
・控訴理由	・अपीलको कारण, कोसो-अपीलको कारण
・拘置所	・जेल
・交通切符	・ट्राफिक टिकट
・交通事件原票	・ट्राफिक घटनाको मूल रूप
・交通反則金	・यातायात दण्डहरु
・口頭	・मौखिक
・高等検察庁（高検）	・उच्च सार्वजनिक अभियोजक कार्यालय (उच्च सार्वजनिक अभियोजक)
・高等裁判所（高裁）	・उच्च अदालत
・高等裁判所長官	・उच्च अदालत सचिव
・口頭弁論	・मौखिक तर्क
・公判期日	・परीक्षण मिति
・公判準備	・परीक्षणको तयारी
・公判調書	・परीक्षण रेकर्ड

・公判廷	・ट्रायल कोर्ट
・公判手続	・परीक्षण प्रक्रिया
・公判前整理手続	・पूर्व परीक्षण व्यवस्था प्रक्रिया
・公判前整理手続期日	・पूर्व परीक्षण प्रबन्ध प्रक्रिया अन्तिम म्याद
・公判前整理手続調書	・प्रिट्रियल अरेंजमेन्ट प्रक्रिया रेकर्ड
・交付送達	・डेलिभरी डेलिभरी
・公文書	・आधिकारिक कागजात
・公務員	・सिभिल कर्मचारी
・拷問	・यातना
・公用文書	・आधिकारिक कागजात
・勾留	・हिरासत
・拘留	・नजरबन्द
・勾留執行停止	・हिरासत कार्यान्वयनको रोक
・勾留状	・हिरासत पत्र
・勾留理由開示	・हिरासतका कारणहरूको खुलासा
・コカイン	・कोकिन
・呼気アルコール濃度	・श्वासमा रक्सीको मात्रा
・語気を荒げて	・मैला
・国外犯	・विदेशी आपराधिक
・国際司法共助	・अन्तर्राष्ट्रिय न्यायिक सहयोग
・国籍	・राष्ट्रियता
・国選被害者参加弁護士	・राष्ट्रिय चुनाव पीडित वकिल
・国選弁護人	・राष्ट्रिय रक्षा वकील
・告訴	・गुनासो
・告訴状	・गुनासो पत्र, लिखित उजुरी
・告知する	・सूचना

・告発	・आरोप
・告発状	・लिखित आरोप
・戸籍抄本	・पारिवारिक दर्ता निकाल्ने
・戸籍謄本	・परिवार रजिस्टर
・護送	・संरक्षण पठाउनु
・誤想防衛	・भ्रामक रक्षा
・国家公安委員会	・राष्ट्रिय सार्वजनिक सुरक्षा आयोग
・誤判	・गलत निर्णय

【さ　行】

・罪刑法定主義	・वैधानिक अपराध
・裁決	・सत्तारूढ
・最高検察庁（最高検）	・सर्वोच्च अभियोजकको कार्यालय (सर्वोच्च अभियोजक)
・再抗告	・पुन विरोध अपील गर्नु
・最高裁判所（最高裁）	・सर्वोच्च अदालत
・最高裁判所長官	・सर्वोच्च अदालत सचिव
・最高裁判所判事	・सर्वोच्च अदालत न्यायाधिश
・最終弁論	・अन्तिम तर्क
・罪証隠滅のおそれ	・नाशको डर
・罪状認否	・शुल्कको निन्दा
・再審	・पुन परीक्षण
・再審開始決定	・पुनपरीक्षण शुरू निर्णय
・再審事由	・पुनपरीक्षणका लागि कारण
・罪数	・अपराध गणना
・罪体	・पापको शरीर
・在庁略式手続	・अफिस सारांश प्रक्रिया

・在廷証人	・अदालत साक्षी
・再入国許可	・पुनप्रवेश अनुमति
・採尿手続	・मूत्र संकलन प्रक्रिया
・再犯	・फेरि अपराध गर्नु
・裁判	・परीक्षण
・裁判員	・न्यायाधीश
・裁判員候補者	・न्यायाधीश उम्मेदवार
・裁判員等選任手続	・न्यायाधीशहरुको छनौट गर्ने प्रक्रिया आदि।
・再犯加重	・फेरि अपराध गर्नु
・裁判官	・न्यायाधिश
・裁判官の面前における供述	・न्यायाधिश समक्ष बयान
・裁判権	・क्षेत्राधिकार
・裁判所	・अदालत
・裁判所事務官	・अदालत अधिकारी
・裁判所書記官	・अदालत सचिव
・裁判所速記官	・अदालत शॉर्टह्यान्ड
・再反対尋問	・पुनजाँच
・裁判長	・अध्यक्ष न्यायाधीश
・裁判を受ける権利	・परीक्षणको अधिकार
・財物	・सम्पत्ति
・罪名	・अपराधको नाम
・在留期間の更新許可	・बसाई अवधि नविकरण अनुमति
・在留資格	・बसाई योग्यता
・在留資格証明書	・बसाई योग्यता प्रमाणपत्र
・裁量保釈	・विवेकी जमानत
・錯誤	・त्रुटि

・酒酔い・酒気帯び鑑識カード	・पियक्कड र मतवालापन पहिचान कार्ड
・差押え	・जफत
・差押調書	・जफत रिपोर्ट, रोकावाटको रिपोर्ट
・差し戻す	・फिर्ता पठाउनु
・査証（ビザ）	・भिसा
・査証相互免除	・म्युचुअल भिसा छुट
・参考人	・सन्दर्भ व्यक्ति
・資格外活動許可	・गैरयोग्यता गतिविधि अनुमति-
・自救行為	・स्वयं सहायता व्यवहार
・死刑	・मृत्यु दण्ड
・事件受理	・केस स्वीकृति
・時効	・हदबन्दी , भोग चलन
・事後審	・रेफरी
・自己に不利益な供述	・आत्म हानिकारक वक्तव्य
・自己負罪拒否特権	・आत्मदोषी अस्वीकार सुविधा-
・自己矛盾の供述	・आत्मविरोधाभासको वक्तव्य-
・事実誤認	・तथ्यको गलत पहिचान
・事実審	・परीक्षण
・事実の錯誤	・तथ्यको त्रुटि
・事実の取調べをする	・तथ्यहरूको छानबिन गर्नु
・自首	・आत्मसमर्पण
・事前準備	・अग्रिम तयारी
・私選弁護人	・रक्षा सल्लाह
・刺創	・पंचर
・死体検案書	・शव रिपोर्ट
・辞退事由	・अस्वीकारको कारण

・示談書	・अदालत बाहिर गरेको मिलाप-पत्रको कागजात
・示談する	・अदालत बाहिर मिलाप गर्नु
・次長検事	・उप प्रमुख अभियोजक
・市町村	・गाउँ-शहर
・市町村長	・मेयर, प्रमुख
・失火	・आगो निभाउनु
・実況見分調書	・कमेन्टरी रिपोर्ट
・実刑	・जेल सजाय
・失血死	・रगत गुमाउनु
・執行	・सजायको कार्यान्वयन
・実行行為	・कार्य
・執行停止	・कार्यान्वयनको रोक
・実行の着手	・कार्यान्वयनको सुरू
・質問票	・प्रश्नावली
・指定医療機関	・निर्दिष्ट चिकित्सा संस्था
・指定侵入工具	・निर्दिष्ट आक्रमण गर्ने उपकरण
・指定通院医療機関	・निर्दिष्टआवतजावत गर्ने अस्पताल तथा मेडिकल संस्थान
・指定入院医療機関	・निर्दिष्ट भर्ना हुने अस्पताल तथा मेडिकल संस्थान
・刺突	・स्पाइक
・児童買春	・बाल वेश्यावृत्ति
・自白	・स्वीकारोक्ति
・自費出国	・स्वभुक्तान प्रस्थान-
・事物管轄	・कुराको क्षेत्राधिकार
・司法警察員	・न्यायिक प्रहरी अधिकारी
・司法警察職員	・न्यायिक प्रहरी कर्मचारी

・司法巡査	・न्यायिक कांस्टेबल
・死亡診断書	・मृत्यु प्रमाणपत्र
・始末書	・अस्वीकरण
・氏名照会回答書	・नाम सोधपुछ प्रतिक्रिया फारम
・指紋照会回答書	・फिंगरप्रिन्ट अनुसन्धान उत्तर फाराम
・社会通念	・सामाजिक मान्यता
・社会的相当行為	・सामाजिक बराबर
・社会に復帰することを促進する	・समाजमा फिर्ता प्रमोट गर्नु
・社会復帰調整官	・पुनर्वसन समन्वयक
・釈放	・रिहा
・釈明	・स्पष्टीकरण
・酌量減軽	・परिस्थितिलाई ध्यानमा राख्दै तौल घटाउनु
・写真撮影報告書	・फोटोग्राफी रिपोर्ट
・遮へい	・शील्ड
・重過失	・घोर लापरवाही
・収容	・थुना, कैद, प्रतिवद्धता
・住居	・वतन, घर, वासस्थान, ठेगाना
・就職禁止事由	・रोजगार निषेधका कारणहरू
・囚人	・कैदी
・自由心証主義	・उदारवाद
・周旋する	・सर्कुलेट गर्नु
・重大な事実の誤認	・एक भौतिक तथ्य को गलत मान्यता
・（重大な）他害行為	・अन्य क्षति (गम्भीर)
・自由な証明	・निशुल्क प्रमाण
・従犯	・अपराधीलाई मद्दत गर्नु
・主観的違法要素	・मुख्य अवैध तत्वहरू

・酒気帯び	・मतवाला
・主刑	・मुख्य सजाय
・受刑者	・कैदी
・主尋問	・मुख्य सोधपुछ
・受訴裁判所	・अपीलको अदालत
・受託裁判官	・माग गरिएको न्यायाधिश
・出国命令	・प्रस्थान अर्डर
・出頭	・उपस्थिति
・出頭命令	・आत्मसमर्पण आदेश
・出入国記録	・अध्यागमन रेकर्ड
・主任弁護人	・मुख्य सल्लाहकार
・主犯	・मुख्य अपराधी
・主文（判決主文）	・मुख्य पाठ (फैसला मुख्य पाठ)
・受命裁判官	・अधिकार प्राप्त न्यायाधिश, नियुक्त न्यायाधिश
・主要事実	・मुख्य तथ्यहरू
・準起訴手続	・अर्धअभियोग प्रक्रिया-
・準抗告	・अर्ध- विरोध अपील
・巡査	・प्रहरी अधिकृत
・巡査長	・प्रहरी अधिकृत प्रमुख
・巡査部長	・प्रहरी अधिकृत प्रबन्धक
・遵守事項	・अनुपालन गर्न व्यहोराहरू
・照会	・जांच
・傷害	・चोट
・召喚	・समाह्वान
・召喚状	・बोलवटको रिट, समाह्वान
・召喚する	・समाह्वान गर्नु

・情況（状況）証拠	・स्थिति प्रमाण
・証言	・गवाही
・証拠	・प्रमाण, सबूत
・証拠開示	・आविष्कार
・上告	・अपील
・上告趣意書	・अपील सूचनापत्र
・上告審	・अपील परिक्षण
・上告理由	・अपीलको कारण
・証拠決定	・प्रमाण निर्धारण
・証拠書類	・वृत्तचित्र प्रमाण
・証拠調べ	・प्रमाण जाँच गर्नु
・証拠資料	・प्रमाण कागजात
・証拠説明	・प्रमाण विवरण
・証拠等関係カード	・प्रमाण सम्बन्धित कार्ड
・証拠能力	・प्रमाण शक्ति
・証拠の提示	・प्रमाण प्रस्तुत
・証拠の標目	・प्रमाण शीर्षक
・証拠排除	・प्रमाण बहिष्कार
・証拠物	・प्रमाण वस्तु
・証拠方法	・प्रमाण विधि
・証拠保全	・प्रमाण संरक्षण
・常習性	・सामान्य बानी
・常習犯	・लत
・情状	・चक्कर
・情状酌量	・भावनाको मात्रा
・上申書	・याचिका

・上訴	・पुनरावेदन
・上訴権者	・पुनरावेदनकर्ता
・上訴裁判所	・पुनरावेदन अदालत
・上訴趣意書	・पुनरावेदन सूचनापत्र
・上訴提起期間	・पुनरावेदन अवधि
・上訴の取下げ	・पुनरावेदनको फिर्ता
・上訴の放棄	・पुनरावेदनको छुट
・焼損する	・जलाउनु
・証人	・साक्षी
・証人尋問	・साक्षीको जांच
・証人尋問調書	・साक्षीको जांच रेकर्ड
・証人等特定事項	・विशिष्ट व्यहोराहरू जस्तै साक्षीहरू
・少年	・केटा
・少年院	・युवा स्कूल
・少年刑務所	・किशोर जेल
・条文	・लेख
・小法廷	・सानो अदालत
・抄本	・सार
・証明予定事実	・तथ्यको प्रमाण
・証明力	・प्रमाण शक्ति
・条約	・सन्धि
・上陸拒否事由	・अवतरण अस्वीकारको कारण
・条例	・अध्यादेश
・除外決定	・बहिष्करण निर्णय
・処遇事件	・उपचार को मामला
・嘱託する	・हस्तान्तरण

・職務質問	・काम प्रश्न
・職務従事予定期間	・तालिकाबद्ध संग्रह अवधि
・所持品検査	・सूची निरीक्षण
・書証	・प्रमाणपत्र
・除斥	・बहिष्कार
・処断する	・काट्नु
・職権	・आधिकारिक अधिकार
・職権証拠調べ	・आधिकारिक प्रमाण जाँच गर्नु
・職権調査	・पदाधिकारी अनुसन्धान
・職権保釈	・आधिकारिक जमानत
・職権濫用	・अधिकारको दुरुपयोग
・処罰条件	・सजाय सर्तहरू
・初犯	・पहिलो अपराध
・署名	・हस्ताक्षर
・資力申告書	・वित्तीय स्रोतको घोषणा फाराम
・信義則	・राम्रो विश्वास
・人権擁護局	・मानव अधिकार ब्यूरो
・親告罪	・कन्फेशन
・審査補助員	・परीक्षा सहायक
・心証	・गवाही
・身上照会回答書	・मुख्य नोट उत्तर पुस्तक
・心神耗弱	・कमजोरी
・心神喪失	・दिमाग हराउनु
・審尋	・पूछताछ
・人身取引	・मानव तस्करी
・真正な	・प्रामाणिक

・親族相盗	・पारिवारिक चोरी
・身体検査	・शारीरिक परीक्षा
・身体検査令状	・शारीरिक परीक्षा वारंट
・診断書	・चिकित्सा प्रमाणपत्र
・人定質問	・व्यक्तिगत प्रश्न
・シンナー	・पातलो
・審判	・फैसला
・審判期日	・फैसला मिति
・審判調書	・परीक्षण रेकर्ड
・尋問事項	・कुराकानी मामला
・尋問する	・प्रश्न
・信用性	・विश्वसनीयता
・信頼の原則	・विश्वासको सिद्धान्त
・審理不尽	・अन्तहीन परीक्षण
・推定する	・अनुमान गर्नुहोस्
・性格異常	・असामान्य व्यक्तित्व
・生活環境	・बस्ने वातावरण
・税関	・सीमा शुल्क
・請求による裁判員等の解任	・अनुरोध गरी न्यायाधीशहरुलाई खारेज गर्ने
・正式裁判	・औपचारिक परीक्षण
・正式裁判請求	・औपचारिक अदालतको अनुरोध
・精神鑑定	・मनोचिकित्सा
・精神障害者	・मानसिक बिमारी
・精神障害を改善する	・मानसिक विकार सुधार गर्नुहोस्
・精神病	・मानसिक रोग
・精神病質	・मानसिक रोगको गुण

・精神保健観察	・मानसिक स्वास्थ्य निरीक्षण
・精神保健参与員	・मानसिक स्वास्थ्य सहभागी
・精神保健指定医	・मानसिक स्वास्थ्य नियुक्त चिकित्सक
・精神保健審判員	・मानसिक स्वास्थ्य रेफरी
・精神保健判定医	・मानसिक स्वास्थ्य डाक्टर
・精神保健福祉士	・मानसिक स्वास्थ्यकर्मी
・正当業務行為	・वैधानिक व्यापार आचरण
・正当防衛	・वैधानिक रक्षा
・正犯	・नियमित अपराधी
・正本	・मूल
・声紋	・भ्वाइसप्रिन्ट
・政令	・क्याबिनेट अर्डर
・責任	・जिम्मेवारी
・責任軽減事由	・दायित्व घटाउनुको कारण
・責任阻却事由	・दायित्व अस्वीकारको कारण
・責任能力	・उत्तरदायित्व
・責任無能力者	・असक्षम व्यक्ति
・責任要素	・जिम्मेवारी तत्व
・責問権の放棄	・जिम्मेवारी छूट
・是正命令	・सुधारात्मक अर्डर
・接見	・अन्तर्वार्ता
・接見禁止	・अन्तर्वार्ता निषेध
・接見交通	・साक्षात्कार ट्राफिक
・窃取	・चोरी
・絶対的控訴理由	・निरपेक्ष अपीलको कारण, निरपेक्ष कोसो-अपीलको कारण
・是非弁別	・निश्चित विभेद

・前科	・आपराधिक रेकर्ड
・前科調書	・आपराधिक रेकर्ड भएको कागजात
・宣告する	・घोषणा गर्नु
・宣誓	・प्रतिज्ञा, शपथ
・専属管轄	・विशेष क्षेत्र
・選任決定	・नियुक्ति निर्णय
・選任予定裁判員	・न्यायाधीश नियुक्त गर्नु
・訴因	・गुनासोको कारण
・訴因変更	・गुनासोको कारणको परिवर्तन
・訴因を明示する	・गुनासोको कारण निर्दिष्ट गर्नु
・捜査	・अनुसन्धान
・捜査機関	・अन्वेषण एजेन्सी
・捜査記録	・अन्वेषण रेकर्ड
・捜索	・खोजी गर्नुहोस्
・捜索差押許可状	・खोजी र जब्ती अनुमति
・捜索差押調書	・खोज र जफत रेकर्ड
・捜索状	・खोजी पत्र
・捜索調書	・खोजी रिपोर्ट
・捜査照会回答書	・अन्वेषण अनुसन्धान उत्तर फाराम
・捜査状況報告書	・अन्वेषण स्थिति रिपोर्ट
・送達する	・वितरण गर्न
・送致する	・लाई पठाउनुहोस्
・相当因果関係	・विचारणीय कारण
・相当な理由	・राम्रो कारण
・遡及処罰の禁止	・पूर्वलोकात्मक सजायको निषेध
・即時抗告	・तत्काल विरोध अपील

・訴訟記録	・अभियोग रेकर्ड
・訴訟係属	・अभियोग विभाग
・訴訟行為	・अभियोग व्यवहार
・訴訟指揮	・अभियोग आदेश
・訴訟条件	・अभियोग सर्तहरू
・訴訟手続	・अभियोग प्रक्रिया
・訴訟手続の法令違反	・अभियोग प्रक्रियाको कानूनी उल्लंघन
・訴訟能力	・अभियोग क्षमता
・訴訟費用	・अभियोग लागत, मुद्दा खर्च
・速記	・संक्षिप्त
・即決裁判手続	・द्रुत निर्णय प्रक्रिया
・疎明	・स्पष्टीकरण
・疎明資料	・स्पष्टीकरण सामग्री
・損害賠償命令	・क्षतिहरूको अर्डर

【た　行】

・第一審	・पहिलो परीक्षण
・退院	・डिस्चार्ज
・退去強制令書	・निर्वासन आदेश
・大使	・राजदूत
・大使館	・दूतावास
・対質	・गुण
・大赦	・माफी
・対象行為	・लक्षित कार्य
・対象事件	・लक्षित केस
・対象者	・लक्षित व्यक्ति

日本語	ネパール語
・代替収容	・वैकल्पिक थुना
・退廷しなさい	・अदालत छोड्नुहोस्
・退廷命令	・फिर्ता आदेश
・逮捕	・गिरफ्तार, पक्राउ
・大法廷	・भव्य अदालत
・逮捕状	・गिरफ्तार पत्र
・大麻	・भांग
・大麻樹脂	・भांग राल
・大麻草	・भांग घाँस
・代理権	・प्रोक्सी
・立会い	・साक्षी
・弾劾証拠	・महाभियोग प्रमाण
・嘆願書	・याचिका
・単独犯	・एकान्त अपराधी
・知的障害	・बौद्धिक अक्षमता
・地方検察庁（地検）	・स्थानीय अभियोजकको कार्यालय (जमीनी अभियोजक)
・地方検察庁支部	・स्थानीय अभियोजकको कार्यालय शाखा
・地方公共団体	・स्थानीय सरकार
・地方裁判所（地裁）	・स्थानीय अदालत, जिल्ला अदालत
・地方裁判所支部	・स्थानीय अदालत शाखा, जिल्ला अदालत शाखा
・地方法務局	・स्थानीय कानूनी मामिला ब्यूरो
・注意義務	・हेरविचार को कर्तव्य
・中央更生保護審査会	・केन्द्रीय पुनर्वास संरक्षण परीक्षा समिति
・中止犯	・रद्द गर्ने अपराध
・中止未遂	・प्रयास रद्द
・懲役	・थुना, कैद, कारावास, कारावास सजायं, कारावासको

	सजायं
・長期３年以上	・३ बर्ष भन्दा बढीको दीर्घकालीन
・調書	・रेकर्ड
・調書判決	・रेकर्ड फैसला
・直接証拠	・प्रत्यक्ष प्रमाण
・陳述する	・बयान गर्नु
・追完する	・थप पूर्ण हुनु
・追起訴	・थप अभियोजन
・追徴	・थप शुल्क, अतिरिक्त शुल्क
・追徴保全	・थप मर्मतसम्भार
・通院期間の延長	・भ्रमण अवधि विस्तार
・通常逮捕	・सामान्य गिरफ्तार
・通達	・सूचना
・通訳	・दोभाषे
・付添い	・परिचर
・付添人	・कुरुवा सेवक
・つきまとい	・पिछा
・罪となるべき事実	・अपराधको रुपमा रहेको तथ्य
・罪を犯したことを疑うに足りる充分な理由	・तपाईले कुनै अपराध गरेको भन्ने शंका गर्ने पर्याप्त कारण
・罪を行い終わってから間がない	・मैले आफ्नो पाप समाप्त गरे पछि एक समय भएको छैन
・連戻状	・रिबेट पत्र
・連れ戻す	・फिर्ता ल्याउन
・ＤＮＡ鑑定	・DNA परीक्षण
・提出命令	・एउटा अर्डर गर्नुहोस्
・廷吏	・टिंग ली

・撤回	・फिर्ता
・電子計算機	・इलेक्ट्रोनिक कम्प्युटर
・電磁的記録	・विद्युत चुम्बकीय रेकर्ड
・伝聞供述	・कथन सुन्दै
・伝聞証拠	・प्रमाण सुन्दै
・伝聞法則	・कानूनी सुनुवाई
・電話聴取書	・टेलिफोन अन्तर्वार्ता
・同意	・सहमति
・道義的責任	・नैतिक जिम्मेवारी
・統合失調症	・स्किजोफ्रेनिया
・同行状	・संगत
・同行する	・साथ दिनुहोस्
・当事者	・पार्टीहरू
・謄写する	・कपी गर्नु
・盗聴	・चोर्दै सुन्नु
・答弁書	・उत्तर
・謄本	・प्रमाणित प्रतिलिपि
・特殊開錠用具	・विशेष अनलक उपकरण
・特定侵入行為	・विशिष्ट घुसपैठ
・特に信用すべき情況（特信情況）	・विशेष रूपमा विश्वसनीय स्थिति (विशेष क्रेडिट स्थिति)
・特別抗告	・विशेष विरोध अपील
・特別弁護人	・विशेष सल्लाह
・土地管轄	・भूमि अधिकार क्षेत्र
・都道府県公安委員会	・प्रिफेक्चुरल सार्वजनिक सुरक्षा आयोग
・取り消す	・रद्द गर्नुहोस्
・取り下げる	・निकाल्नु

・取り調べる ・अनुसन्धान

・トルエン ・टोलुइन

【な　行】

・内閣府 ・क्याबिनेट कार्यालय

・捺印 ・सिल

・二重の危険 ・डबल खतरा

・日本司法支援センター（法テラス） ・जापान कानूनी सहायता केन्द्र (हो टेरेस)

・入院 ・अस्पताल भर्ती

・入院継続の確認 ・जारी अस्पताल भर्ना को पुष्टिकरण

・入院によらない医療 ・अस्पताल भर्ना बिना मेडिकल उपचार

・入院を継続する ・अस्पताल भर्ना जारी राख्नुहोस्

・入国 ・अध्यागमन

・入国管理局 ・अध्यागमन विभाग

・入国管理局出張所 ・अध्यागमन विभाग शाखा कार्यालय

・入国管理センター ・अध्यागमन केन्द्र

・入国者収容所 ・अध्यागमन शिविर

・入国審査官 ・अध्यागमन अधिकारी

・入国手続 ・अध्यागमन प्रक्रियाहरू

・任意性 ・स्वेच्छापन, आफूखुशीपन

・任意捜査 ・स्वैच्छिक अनुसन्धान

・任意提出書 ・मनमानी प्रस्तावित पुस्तक

・任意的弁護事件 ・स्वैच्छिक रक्षा मामला

・任意同行 ・स्वैच्छिक साथ दिनु

・脳挫傷 ・मस्तिष्क संक्रमण

【は　行】

・売春	・वेश्यावृत्ति
・売春周旋	・वेश्यावृत्तिको चक्र
・陪席裁判官	・न्यायिक न्यायाधिश
・破棄移送	・रद्द र स्थानान्तरण
・破棄差戻し	・रद्द र फिर्ता
・破棄自判	・आत्म-निर्धारणको रद्द
・破棄する	・रद्द गर्नु
・破棄判決	・रद्द फैसला
・罰金	・जरिवाना
・ハッシシ（ハッシシュ）	・हसिस (चरस)
・罰条	・लिखित सजायं
・犯意	・अपराध
・判決	・फैसला, दण्ड
・判決書	・फैसलाको कागजात
・判決に影響を及ぼすことが明らか	・फैसलालाई असर गर्ने कुरा स्पष्ट
・判決の宣告	・फैसलाको घोषणा
・判決理由	・फैसलाको कारण
・犯行	・अपराध गर्नु
・犯罪	・अपराध
・犯罪行為を組成した物（犯罪組成物件）	・कुरा जुन संगठित आपराधिक गतिविधि (अपराध रचना सम्पत्ति)
・犯罪事実	・अपराध तथ्य
・犯罪収益	・अपराध अगाडि बढ्छ
・判事	・न्यायाधीश, न्याय
・判示する	・घोषणा गर्नुहोस्

・判事補	・सहायक न्यायाधीश
・反証	・डिस्प्रूफ
・犯情	・अपराध अवस्था
・反則金	・नियम विपरितको पैसा
・反対尋問	・क्रसजाँच-
・判例	・अदालतको नजिर, न्यायिक नजिर, नजिर, मुद्दा
・判例違反	・न्यायिक नजिर को उल्लंघन
・判例変更	・न्यायिक नजिरको परिवर्तन
・犯歴	・आपराधिक
・被害者	・पीडित
・被害者還付	・पीडितलाई फिर्ता
・被害者参加人	・पीडित सहभागी
・被害者参加弁護士	・पीडित सहभागिता वकिल
・被害者特定事項	・पीडित पहिचानको बूँदा
・被害届	・क्षति रिपोर्ट
・被疑者	・शंका गरिएको व्यक्ति, शंकास्पद व्यक्ति, सन्देहात्मक व्यक्ति, आरोपित व्यक्ति
・非供述証拠	・गैरदृढ प्रमाण-
・非行	・अपराधी
・被告事件	・प्रतिवादी घटना
・被告人	・प्रतिवादी, अभियुक्त
・被告人の退廷	・प्रतिवादी अदालत छोड्दै
・被収容者	・कैदी
・非常上告	・आपतकालीन अपील
・左陪席裁判官	・बाँया पक्ष न्यायाधीश
・ピッキング用具	・अनलक गर्ने उपकरण

・筆跡	・हस्तलेखन
・必要的弁護事件	・आवश्यक रक्षा मामला
・必要的保釈	・आवश्यक जमानत
・ビデオリンク	・भिडियो लिंक
・秘匿決定	・गोपनीयता निर्णय
・否認	・अस्वीकार
・評議	・परिषद
・評決	・फैसला, निर्णय
・被略取者	・स्किमर
・不意打ち	・सकर पंच
・附加［付加］刑	・थप सजाय
・不可抗力	・असम्भवबल
・不可罰的事後行為	・अप्रकाशित सोचविचार
・不起訴処分	・खारेज
・副検事	・उप अभियोजक
・不告不理の原則	・अव्यावहारिकताको सिद्धान्त
・不作為犯	・निष्क्रियता
・婦人補導院	・महिला मार्गदर्शन केन्द्र
・不選任の決定	・गैरचुनाव निर्णय-
・物的証拠	・भौतिक प्रमाण
・不定期刑	・अनियमित वाक्य
・不適格事由	・अयोग्य कारण
・不同意	・असहमत
・不当逮捕	・अनुचित गिरफ्तार
・不能犯	・असम्भव अपराध
・不服申立て	・गुनासो

・部分判決	・आंशिक फैसला
・不法在留	・अवैध बसाई
・不法残留	・अवैध अवशेष
・不法入国	・अवैध प्रविष्टि
・不法領得の意思	・गैरकानूनी आशय
・不利益な事実の承認	・हानिकारक तथ्यहरुको अनुमोदन
・不利益変更の禁止	・नाकाबन्दी परिवर्तन गर्न
・併科する	・जोड्नुहोस्
・併合決定	・मर्जर निर्णय
・併合罪	・एनेक्सेशनको अपराध
・併合する	・मर्ज गर्नु
・別件逮捕	・अन्य गिरफ्तार
・別の合議体による裁判所	・अर्को प्यानल द्वारा अदालत
・弁解録取書	・माफी रेकर्ड
・弁護士	・वकिल
・弁護士会	・बार एशोसियसन (निजी वकालत गर्ने वकिलहरुको संघ)
・弁護人	・प्रतिवादी वकिल
・弁護人依頼権	・प्रतिवादी वकिल अनुरोध गर्ने अधिकार
・弁護人選任権	・प्रतिवादी वकिल नियुक्त गर्ने अधिकार
・変造	・परिवर्तन
・弁論	・तर्क
・弁論再開	・मौखिक पुन सुरु
・弁論終結	・तर्कको अन्त्य
・弁論能力	・बोली क्षमता
・弁論分離	・मौखिक पृथक्करण
・弁論併合	・सहमति

・弁論要旨	・मौखिक सारांश
・防衛の意思	・रक्षा इरादा
・包括一罪	・एउटा पाप सहित
・謀議	・षडयन्त्र
・防御権	・रक्षा सही
・暴行	・आक्रमण
・傍受	・अवरोध
・幇助する	・सहयोग गर्नु
・幇助犯	・अपराधिक सहयोग
・法人	・निगम
・傍聴席	・सभागार
・傍聴人	・श्रोता
・法廷	・अदालत
・法定刑	・कानूनी वाक्य
・法廷警察権	・अदालत पुलिस सही
・法定代理人	・कानूनी प्रतिनिधि
・法定手続の保障	・कानूनी प्रक्रियाको ग्यारेन्टी
・冒頭陳述	・शुरुवाती बयान
・法の不知	・कानूनको अज्ञानता
・法の下の平等	・कानून अन्तर्गत समानता
・方法の錯誤	・विधि त्रुटि
・法務局	・कानूनी मामिला ब्यूरो
・法務省	・न्याय मन्त्रालय
・法律	・कानुन, वैधानिक संस्थाको लिखित कानून
・法律上の減軽	・कानूनी कटौती
・法律の錯誤	・कानूनको त्रुटि

・法律の適用	・कानूनको प्रयोग
・法律審	・कानूनी अदालत
・暴力団	・गैंगस्टर
・法令	・कानुन र नियम, अध्यादेश तथा कानून
・法令適用の誤り	・कानूनको गलत प्रयोग
・保護観察	・सुरक्षा अवलोकन
・保護観察官	・सुरक्षा अवलोकन अफिसर
・保護観察所	・सुरक्षा अवलोकन अफिसबा
・保護司	・स्वयंसेवी परिक्षणकालमा छुटकारा दिने अधिकारी
・保護者	・संरक्षक
・保護法益	・कानूनी चासोको संरक्षण
・保護命令	・सुरक्षा आदेश
・保佐監督人	・सुपरवाइजर
・補佐人	・सहायक
・保佐人	・रक्षक
・保釈	・जमानत
・保釈取消し	・जमानत रद्द
・保釈保証金	・जमानत निक्षेप
・補充員	・रिपिलेशर
・補充裁判員	・पूरक न्यायाधीश
・補充書	・पूरक
・補助監督人	・सह-पर्यवेक्षक
・補助人	・सब्सिडी
・没取	・जफत
・没収する	・जफत गर्नु
・没収保全	・जफत सुरक्षा

・ポリグラフ検査	・पोलिग्राफ निरीक्षण
・本籍	・स्थायी निवास

【ま　行】

・麻薬	・औषधि
・麻薬常習者	・लागुपदार्थ दुर्व्यसन
・マリファナ	・मारिजुआना
・右陪席裁判官	・दायाँ पक्ष न्यायाधिश
・未決勾留	・अनिर्णित हिरासत, पूरा नभएको हिरासत
・未遂	・कोशिश गर्नु
・未成年者	・नाबालिगहरु
・密売者	・ट्रैफिकर
・密輸出	・घन निर्यात
・密輸入	・तस्करी
・未必の故意	・अनावश्यकको जानाजानी, अनावश्यक अभिप्राय
・身分犯	・पहिचान अपराधी
・無期懲役	・आजीवन कारावास
・無罪	・निर्दोषी
・無罪の推定	・निर्दोषताको अनुमान
・無銭飲食	・पैसा रहित खाना र पेय
・無断退去者	・अनधिकृत मूभर
・無賃乗車	・निशुल्क सवारी
・無能力者	・असक्षमता
・酩酊	・मतवालापन
・命令	・अर्डर
・免訴	・अस्वीकरण

・毛髪鑑定　　　　　　　　　・कपाल मूल्यांकन

・黙秘権　　　　　　　　　　・मौन रहने अधिकार

【や　行】

・薬物犯罪収益　　　　　　　・औषधि अपराध कमाई

・やむを得ずにした行為　　　・अपरिहार्य कार्यहरू

・誘引　　　　　　　　　　　・आकर्षण

・有期懲役　　　　　　　　　・निश्चित अवधिमा कामको साथ कारावास

・有罪　　　　　　　　　　　・दोषी

・宥恕　　　　　　　　　　　・माफ गर्नुहोस्

・誘導尋問　　　　　　　　　・मुख्य प्रश्न

・ゆすり　　　　　　　　　　・युसुरी

・予見可能性　　　　　　　　・भविष्यवाणी

・余罪　　　　　　　　　　　・अन्य अपराध

・予断排除　　　　　　　　　・समयपूर्व उन्मूलन

・予備　　　　　　　　　　　・रिजर्भ

・呼出状　　　　　　　　　　・कल गर्दै

・呼び出す　　　　　　　　　・कल

・予備的訴因　　　　　　　　・प्रारम्भिक गुनासोको कारण

【ら　行】

・立証趣旨　　　　　　　　　・प्रमाण उद्देश्य

・立証する　　　　　　　　　・प्रमाणित गर्नु

・立証責任　　　　　　　　　・प्रमाणको बोझ

・略式手続　　　　　　　　　・सारांश प्रक्रिया

・略式命令　　　　　　　　　・अनौपचारिक निर्देशन

・略取　　　　　　　　　　　・संक्षिप्त

・留置施設	・डिटेन सुविधा
・理由のくいちがい	・कारणमा भिन्नता
・理由の不備	・अपर्याप्त कारण
・理由を示さない不選任の請求	・कारण बिना निर्वाचनको लागि अनुरोध
・量刑	・सजाय
・量刑不当	・अनुचित सजाय
・領事	・वाणिज्य
・領事館	・वाणिज्य दूतावास
・領収書	・रसिद
・領置	・थमौती, कायम
・領置調書	・थमौती पत्र
・両罰規定	・दुबै दण्डहरु
・旅券（パスポート）	・पासपोर्ट
・輪姦	・सामूहिक बलात्कार
・臨検	・भ्रमण गर्नु
・臨床尋問	・क्लिनिकल पूछताछ
・類型証拠開示	・प्रकार र प्रमाणको खुलासा
・類推解釈	・समानात्मक व्याख्या
・累犯	・धेरैचोटि अपराध गर्नु
・令状	・वारेन्ट
・連行する	・साथ लिनु
・労役場留置	・श्रम कार्यालय को हिरासत
・録音	・रेकर्डिङ
・録取（する）	・रेकर्डिङ गर्नु
・論告	・छलफल
・論告要旨	・छलफलको सारांश

【わ　行】

・わいせつ　　　　　　　　・अश्लील

・わいろ　　　　　　　　　・घूस

・和解　　　　　　　　　　・बन्दोबस्त

第2章　法令名

【あ　行】

・あへん法　・अफिम सम्बन्धि कानून

・医師法　・चिकित्सा व्यवसायी कानून

・意匠法　・डीजाइन सम्बन्धि कानून

・医薬品，医療機器等の品質，有効性及
び安全性の確保等に関する法律（医薬
品医療機器等法，薬機法）
・गुणवत्ता, प्रभावकारिता र औषधि, चिकित्सा
उपकरणहरू, आदि को सुरक्षा सुनिश्चित गर्ने कानून

・印紙等模造取締法　・टिकटहरू इत्यादिहरूको लागि नक्कल नियन्त्रण कानून

・印紙犯罪処罰法　・स्टाम्प अपराध सजाय कानून

・インターネット異性紹介事業を利用し
て児童を誘引する行為の規制等に関す
る法律
・बच्चाहरूलाई इन्टरनेट विपक्षी व्यवसाय प्रयोग गरेर
आमन्त्रित गर्ने कामलाई नियन्त्रण गर्ने कानून

・恩赦法　・माफी सम्बन्धि कानून

【か　行】

・外国ニ於テ流通スル貨幣紙幣銀行券証
券偽造変造及模造ニ関スル法律（外貨
偽造法）
・विदेशी मुद्रा ट्रेडिंग मुद्रा बैंक नोट सुरक्षितता जालसाजी
परिवर्तन तथा　नक्कल सम्बन्धि कानून(विदेशी मुद्रा
जालसाजी कानून)

・外国為替及び外国貿易法（外為法）　・विदेशी विनिमय तथा विदेशी व्यापार सम्बन्धि कानून

・外国裁判所ノ嘱託ニ因ル共助法　・न्यायिक सहायताको लागि विदेशी कोर्टको अनुरोध

・外国人漁業の規制に関する法律　・विदेशी मत्स्यपालन उधोग नियमन सम्बन्धि ऐन

・外国人登録法　・विदेशी दर्ता कानून

・海洋汚染等及び海上災害の防止に関す
る法律
・समुद्री प्रदूषण र समुद्री प्रकोप रोकथाम सम्बन्धी कानून

・海上交通安全法　・समुद्री यातायात सुरक्षा सम्बन्धि कानून

・海上衝突予防法	・समुद्रमा टकराव रोक्ने सम्बन्धि कानून
・火炎びんの使用等の処罰に関する法律	・ज्वाला बोतल को उपयोग आदिको सजाय सम्बन्धि ऐन
・覚醒剤取締法	・उत्तेजक पदार्थ नियन्त्रण कानून
・貸金業法	・पैसा सापट दिने व्यवसाय सम्बन्धि कानून
・火薬類取締法 (火取法)	・विस्फोटन पदार्थ नियन्त्रण कानून
・関税定率法	・भन्सार महसूल कानून
・関税法	・भन्सार सम्बन्धि कानून
・漁業法	・मत्स्यपालन सम्बन्धि कानून
・漁船法	・माछा मार्ने जहाज सम्बन्धि कानून
・銀行法	・बैंक सम्बन्धि कानून
・金融商品取引法	・वित्तीय साधन व्यापार सम्बन्धि कानून
・警察官職務執行法 (警職法)	・प्रहरी जिम्मेवारी कार्यन्वयन व्यवस्था
・警察法	・प्रहरी व्यवस्था
・刑事確定訴訟記録法	・आपराधिक निर्णय कानून रेकर्ड
・刑事収容施設及び被収容者等の処遇に関する法律	・फौजदारी हिरासत सुविधाहरु र बन्दीहरुको उपचार सम्बन्धी कानून
・刑事訴訟規則 (刑訴規則)	・अपराधिक प्रक्रियाको नियम
・刑事訴訟費用等に関する法律	・अपराधिक प्रक्रियाको लागत सम्बन्धि कानून
・刑事訴訟法 (刑訴法)	・फौजदारी कार्यविधिक संहिता (फौजदारी कार्यविधि संहिता)
・刑事補償法	・फौजदारी क्षतिपूर्ति सम्बन्धि कानून
・競馬法	・घोडादौड सम्बन्धि कानून
・軽犯罪法	・सानातिना ठेस कानून
・刑法	・दण्ड सम्बन्धि कानून, दण्ड विधान
・検察審査会法	・मृत्यु सम्बन्धि जांचको लागि कानून
・検察庁法	・सार्वजनिक अभियोजनको कार्यालय सम्बन्धि कानून

・航空機の強取等の処罰に関する法律	・विमानको गैरकानूनी जफत आदिको सजाय सम्बन्धि कानून
・航空の危険を生じさせる行為等の処罰に関する法律	・हवाई यातायातमा खतरा उत्पन्न गर्ने गतिविधिको सजाय सम्बन्धि कानून
・更生保護事業法	・पुनर्वास संरक्षण व्यवसाय कानून
・更生保護法	・अपराधीको पुनर्वास सम्बन्धि कानून
・国際受刑者移送法	・अन्तर्राष्ट्रिय कैदी स्थानान्तरण विधि
・国際人権規約	・अन्तर्राष्ट्रिय मानव अधिकार सम्झौता
・国際捜査共助等に関する法律	・अन्तर्राष्ट्रिय अनुसन्धान आपसी सहयोग सम्बन्धि कानून
・国際的な協力の下に規制薬物に係る不正行為を助長する行為等の防止を図るための麻薬及び向精神薬取締法等の特例等に関する法律（麻薬特例法）	・अन्तर्राष्ट्रिय सहयोग अन्तर्गत नियमन औषधि सम्बन्धी अवैध कार्यलाई बढावा दिईएको कार्यहरुलाई रोक्नको लागि विशेष प्रावधानहरु सम्बन्धी कानून जसमा मादक पदार्थ र साइकोट्रपिक ड्रग्स नियन्त्रण कानून (मादक पदार्थ अपवाद विधि)
・国籍法	・राष्ट्रियता सम्बन्धि कानून
・戸籍法	・परिवार दर्ता सम्बन्धि कानून

【さ　行】

・裁判員の参加する刑事裁判に関する法律	・न्यायाधीशहरू संलग्न आपराधिक मुद्दा सम्बन्धि कानून
・裁判員の参加する刑事裁判に関する規則	・न्यायाधीशहरू संलग्न आपराधिक मुद्दा सम्बन्धि नियम
・裁判所法	・अदालत संगठन कानून
・酒に酔って公衆に迷惑をかける行為の防止等に関する法律	・रक्सी खाई मात्तेर सार्वजनिक स्थलमा साइकल चलाई अरुलाई दुख दिने कियाकलापको नियन्त्रण सम्बन्धि कानून
・自転車競技法	・साइकल दौड सम्बन्धि कानून

・自動車損害賠償保障法	・वाहन क्षति संरक्षण ऐन
・自動車の保管場所の確保等に関する法律	・वाहनको लागि भण्डारण ठाउँहरू सुरक्षित गर्ने सम्बन्धि कानून
・自動車の運転により人を死傷させる行為等の処罰に関する法律	・साइकल चलाएर मानिसको मृत्यु वा घाइते बनाउने क्रियाकलापको सजाँय सम्बन्धि कानून
・児童福祉法	・बाल कल्याण कानून
・児童買春，児童ポルノに係る行為等の処罰及び児童の保護等に関する法律	・बाल वेश्यावृत्ति, बाल अश्लील साहित्य, आदिको सजायं तथा बच्चाहरूको संरक्षण सम्बन्धि कानून
・銃砲刀剣類所持等取締法（銃刀法）	・हातहतियार र तरवार नियन्त्रण कानून
・出資の受入れ，預り金及び金利等の取締りに関する法律	・लगानीको स्वीकृति, निक्षेप नियन्त्रण र ब्याज दरहरूको अधिनियम सम्बन्धि कानून
・出入国管理及び難民認定法	・अध्यागमन नियन्त्रण तथा शरणार्थी पहिचान कानून
・少年法	・किशोर सम्बन्धि कानून
・商標法	・ट्रेडमार्क कानून
・商法	・व्यावसायिक कोड
・職業安定法	・रोजगार सुरक्षा सम्बन्धि कानून
・所得税法	・आयकर कानून
・心神喪失等の状態で重大な他害行為を行った者の医療及び観察等に関する法律（心神喪失者等医療観察法）	・मानसिक क्षति आदि गम्भीर अन्य हानिकारक कार्यहरू गर्ने व्यक्तिको चिकित्सा र अवलोकन सम्बन्धि ऐन (मानसिक क्षति भएको मानिसका लागि चिकित्सा अवलोकन विधि)
・人身保護法	・व्यक्ति संरक्षण सम्बन्धि कानून
・森林法	・वन सम्बधि कानून
・ストーカー行為等の規制等に関する法律	・पछ्याउने व्यक्तिको कार्यको नियमन सम्बन्धि कानून
・精神保健及び精神障害者福祉に関する	・मानसिक स्वास्थ्य र मानसिक असक्षमताको कल्याण

法律（精神保健法）　　　　　　　　सम्बन्धि कानून

・船員法　　　　　　　　　　・मल्लाह सम्बन्धि कानून

・船舶安全法　　　　　　　　・जहाजको सुरक्षा सम्बन्धि कानून

・船舶職員及び小型船舶操縦者法　・पानीजहाजको कर्मचारी तथा सानो जहाज चलाउने सम्बन्धि ऐन

・船舶法　　　　　　　　　　・पानीजहाज सम्बन्धि कानून

・組織的な犯罪の処罰及び犯罪収益の規制等に関する法律　・आयोजित अपराध, अपराध आयमा नियन्त्रण र अन्य विषयहरुको सजाँय सम्बन्धि कानून

【た　行】

・大麻取締法　　　　　　　　・भांग नियन्त्रण ऐन

・著作権法　　　　　　　　　・प्रतिलिपि अधिकार सम्बन्धि कानून

・通貨及証券模造取締法　　　・मुद्रा तथा जमानतको नक्कल नियन्त्रण सम्बन्धि कानून

・鉄道営業法　　　　　　　　・रेल्वे संचालन सम्बन्धि कानून

・電気通信事業法　　　　　　・दूरसंचार व्यापार सम्बन्धि कानून

・電波法　　　　　　　　　　・रेडियो सम्बन्धि कानून

・盗犯等ノ防止及処分ニ関スル法律　・चोरी, डकैती आदिको रोकथाम तथा सजाँय सम्बन्धि कानून

・逃亡犯罪人引渡法　　　　　・भागेको अपराधी सुम्पने सम्बन्धि कानून

・道路運送車両法　　　　　　・सडक साधन सम्बन्धि कानून

・道路交通法（道交法）　　　・ट्राफिक नियम सम्बन्धि कानून

・特殊開錠用具の所持の禁止等に関する法律　・विशेष खुल्ला उपकरणको कब्जामा निषेध सम्बन्धि ऐन

・特定商取引に関する法律　　・निर्दिष्ट वाणिज्य लेनदेन सम्बन्धि ऐन

・毒物及び劇物取締法（毒劇法）・विषालु तथा घातक पदार्थ नियन्त्रण सम्बन्धि कानून

・都道府県条例　　　　　　　・प्रिफेक्चुरल नियम

【な　行】

・成田国際空港の安全確保に関する緊急
　措置法

・ナリタ अन्तर्राष्ट्रिय विमानस्थलमा सुरक्षामा
　आपतकालीन उपायहरू सम्बन्धि ऐन

・日本国憲法（憲法）

・जापानको संविधान (संविधान)

・日本国とアメリカ合衆国との間の相互
　協力及び安全保障条約第6条に基づく
　施設及び区域並びに日本国における合
　衆国軍隊の地位に関する協定の実施に
　伴う刑事特別法（刑特法）

・जापान र अमेरिका बीचको परस्पर सहयोग तथा
　सुरक्षाको सन्धिको धारा ६ मा उल्लेखित सुविधा तथा
　क्षेत्रका साथै जापानमा अमेरिकी सैनिकको स्थिति
　सम्बन्धि सम्झौताको प्रवर्धनबारे विशेष अपराधिक
　कानून

【は　行】

・廃棄物その他の物の投棄による海洋汚
　染の防止に関する条約

・फोहोर र अन्य बस्तुहरू जम्मा गरेर हुने समुद्री प्रदूषण
　रोक्ने सम्बन्धि सन्धि

・廃棄物の処理及び清掃に関する法律（廃
　棄物処理法）

・फोहोर व्यवस्थापन तथा सफाई सम्बन्धि कानून (फोहोर
　व्यवस्थापन कानून)

・配偶者からの暴力の防止及び被害者の
　保護に関する法律

・जीवनसाथीबाटको हिंसाको रोकथाम र पीडितको संरक्षण
　सम्बन्धी ऐन

・売春防止法

・वेश्यावृत्ति रोकथाम कानून

・破壊活動防止法（破防法）

・बिगार्ने गतिविधिहरू रोकथाम सम्बन्धि कानून

・爆発物取締罰則

・विस्फोटक पदार्थ नियन्त्रण सम्बन्धि कानून

・罰金等臨時措置法

・जरिवाना सम्बन्धमा अस्थायी उपाय सम्बन्धि कानून

・犯罪収益に係る保全手続等に関する規
　則

・आपराधिक प्रक्रियासँग सम्बन्धित संरक्षण प्रक्रियाका
　नियमहरू

・犯罪捜査のための通信傍受に関する法
　律

・अपराधिक अनुसन्धान गर्ने उद्देश्यले टेलिफोनको लाइन
　रेकर्डिङ गरेर राख्ने सम्बन्धि कानून

・犯罪被害財産等による被害回復給付金

・क्षतिग्रस्त सम्पत्तिबाट भएको क्षतिपूर्तिलाई मिलाउन

の支給に関する法律	गरिने भुक्तानी सम्बन्धि कानून
・犯罪被害者等の権利利益の保護を図る	・अपराध पीडितको हक र चासो सुरक्षित गर्न फौजदारी
ための刑事手続に付随する措置に関す	प्रक्रियासंग सम्बन्धित उपायहरू सम्बन्धी कानून
る法律（犯罪被害者等保護法）	(अपराध पीडित संरक्षण ऐन)
・被疑者補償規程	・शंकास्पद व्यक्तिको क्षतिपूर्ति नियम
・人の健康に係る公害犯罪の処罰に関す	・मानव स्वास्थ्य सम्बन्धी प्रदूषण अपराधको सजाय
る法律（公害罪法）	सम्बन्धी कानून (प्रदूषण अपराध कानून)
・風俗営業等の規制及び業務の適正化等	・मनोरंजन र मनोरंजन व्यापार आदिको सीमा तथा
に関する法律（風営法）	कारोबारको अनुकूलन आदिसंग सम्बन्धि कानून
・武器等製造法	・हतियार निर्माण सम्बन्धि कानून
・不正競争防止法	・अनुचित प्रतियोगिता रोकथाम कानून
・法廷等の秩序維持に関する法律	・अदालतको आदेश कायम सम्बन्धि कानून
・暴力行為等処罰ニ関スル法律	・हिंसात्मक क्रियाकलाप आदिको सजाय सम्बन्धि कानून

【ま　行】

・麻薬及び向精神薬取締法（麻取法）	・नशालु पदार्थ तथा मानसिक असन्तुलन गर्ने औषधि नियन्त्रण सम्बन्धि कानून
・民事訴訟法	・नागरिक प्रक्रियाको कानून
・民法	・नागरिक कानून
・モーターボート競走法	・मोटर डुंगा दौड विधि

【や　行】

・薬物犯罪等に係る保全手続等に関する 規則	・औषधि अपराध आदि सम्बन्धी मर्मत प्रक्रियाका नियम
・有線電気通信法	・दूरसंचार ऐन
・郵便切手類模造等取締法	・हुलाक टिकट अनुकरण नियंत्रण कानून
・郵便法	・हुलाक ऐन

【ら　行】

・領海及び接続水域に関する法律

・領事関係に関するウィーン条約

・旅券法

・労働基準法

・प्रादेशिक समुद्र तथा जोडिने पानीको क्षेत्र सम्बन्धि कानून

・वाणिज्य दूतावास सम्बन्धि भियनाको सन्धि (भियना सन्धि)

・राहदानी सम्बन्धि कानून

・श्रम मानक ऐन

第3章　罪名

【あ　行】

・あへん煙吸食器具輸入（製造，販売，所持）罪	・अफिम धूम्रपान गर्ने आयातकर्ता (निर्माण, बिक्री, कब्जा) सम्बन्धि अपराध
・あへん煙吸食罪	・अफीम धुम्रपान सम्बन्धि अपराध
・あへん煙吸食場所提供罪	・अफिम धूम्रपान क्षेत्र प्रदान गर्ने अपराध
・あへん煙等所持罪	・अफिम धुम्रपान जस्ता कब्जा गर्ने अपराध
・あへん煙輸入（製造，販売，所持）罪	・अफिम आयात गर्ने (निर्माण, बिक्री, कब्जा) अपराध
・あへん法違反（所持，譲渡，譲受，使用，輸入）	・अफिम कानूनको उल्लंघन (कब्जा, स्थानान्तरण, स्थानान्तरण, प्रयोग, आयात)
・遺棄罪	・परित्याग अपराध
・遺棄等致死罪	・परित्याग आदिको परिणामस्वरूप मृत्यु हुने अपराध
・遺棄等致傷罪	・परित्याग आदिको परिणामस्वरूप चोट पाउने अपराध
・遺失物等横領罪	・हराएको सम्पति हिनामिना गर्ने अपराध
・威力業務妨害罪	・व्यापारको बलजफ्ती वाधा गर्ने अपराध
・営利目的等被略取者収受罪	・फाइदाको लागि थुनामा रहन स्वीकार गर्ने अपराध
・営利目的等略取（誘拐）罪	・नाफा उद्देश्यका लागि अपहरण गर्ने अपराध
・延焼罪	・आगोको फैलाउने अपराध
・往来危険罪	・यातायात खतरा सम्बन्धि अपराध
・往来危険による艦船転覆（沈没，破壊）罪	・ट्राफिक खतराका कारण जहाज डुब्ने (डुब्ने वा नष्ट गर्ने) अपराध
・往来危険による汽車転覆（破壊）罪	・यातायात खतरा द्वारा ट्रेनको विध्वंस (विनाश) सम्बन्धि अपराध
・往来妨害罪	・हस्तक्षेप गर्ने अपराध
・往来妨害致死罪	・मृत्यु अवरुद्धको अपराध

・往来妨害致傷罪	・चोटपटक अवरुद्धको अपराध
・横領罪	・हिनामिना गर्ने अपराध

【か　行】

・外国国章損壊（除去，汚損）罪	・विदेशी राष्ट्रिय प्रतीक (हटाउने, दाग) अपराध
・外国人登録法違反（登録不申請）	・विदेशी रेजिष्ट्रेसन कानूनको उल्लंघन (आवेदन दर्ता नगरिएको)
・外国通貨偽造罪	・नक्कली विदेशी मुद्रा बनाउने अपराध
・覚醒剤取締法違反（所持，譲渡，譲受，使用，輸入）	・उत्तेजक नियन्त्रण कानूनको उल्लंघन (कब्जा, स्थानान्तरण, स्थानान्तरण, प्रयोग, आयात)
・過失運転致死罪	・लापरवाही ड्राइभिंगबाट घातक मृत्यु गराउने अपराध
・過失運転致傷罪	・लापरवाही ड्राइभिंगबाट घाइते गराउने अपराध
・過失往来危険罪	・लापरवाहीबाट यातायातमा खतरा निम्त्याउने अपराध
・過失激発物破裂罪	・दुर्घटनाबाट सम्पत्ति फुटाउने अपराध
・過失建造物等浸害罪	・निर्माणको उपेक्षा आदि सम्बन्धि अपराध
・過失傷害罪	・लापरवाही गरी शारीरिक हानि पुर्याउने अपराध
・過失致死罪	・लापरवाहीका कारण मृत्यु गराएको अपराध
・加重逃走罪	・कैदबाट भाग्ने अपराध
・加重封印等破棄罪	・भारित सिल अस्वीकारको अपराध
・ガス漏出罪	・ग्यास चुहावट सम्बन्धि अपराध
・ガス漏出等致死罪	・ग्यास चुहावटबाट मृत्यु गराउने अपराध
・ガス漏出等致傷罪	・ग्यास चुहावटबाट घाइते बनाउने अपराध
・監禁罪	・कारावास अपराध
・監禁致死罪	・मृत्युदण्ड अपराध
・監禁致傷罪	・कारावासले चोटपटक निम्त्याउने अपराध
・監護者性交等罪	・संरक्षक यौन सम्भोग र अन्य अपराध

・監護者わいせつ罪	・संरक्षक अश्लील अपराध
・艦船往来危険罪	・पानीजहाज यातायात खतरा सम्बन्धि अपराध
・偽計業務妨害罪	・नक्कली व्यापार अवरोध सम्बन्धि अपराध
・危険運転致死罪	・खतरनाक ड्राइभिंग बाट मृत्यु गराउने अपराध
・危険運転致傷罪	・खतरनाक ड्राइभिंग बाट घाइते गराउने अपराध
・汽車転覆罪	・रेल पल्टाउने अपराध
・汽車転覆等致死罪	・रेल पल्टाएर मृत्यु गराउने अपराध
・偽証罪	・झूठो बयान दिने अपराध
・偽造外国通貨行使罪	・नक्कली विदेशी मुद्रा प्रयोग अपराध
・偽造公文書行使罪	・नक्कली आधिकारिक कागजात प्रयोग गर्ने अपराध
・偽造私文書行使罪	・नक्कली निजी कागजातहरू प्रयोग गर्ने अपराध
・偽造通貨行使罪	・नक्कली मुद्रा प्रयोग गर्ने अपराध
・偽造通貨等収得罪	・जालसाजी मुद्रा अधिग्रहण सम्बन्धि अपराध
・偽造有価証券行使罪	・नक्कली जमानत प्रयोग अपराध
・器物損壊罪	・सम्पति नाश अपराध
・境界損壊罪	・सीमा भ्रष्टाचार अपराध
・恐喝罪	・जबर्जस्ती या धम्कीबाट पैसा असुल्ने अपराध
・凶器準備集合（結集）罪	・हतियार तयार गर्ने (जम्मा गर्ने) अपराध
・強制執行関係売却妨害罪	・अनिवार्य कार्यान्वयन-सम्बन्धित बिक्री अपराध
・強制執行行為妨害罪	・अनिवार्य सञ्चालन गरिएको व्यवहार रोक्ने अपराध
・強制執行妨害罪	・जबरजस्ती अवरोधको अपराध
・強制執行妨害目的財産現状改変罪	・जबरजस्ती कार्यान्वयनमा बाधा पुर्याई लक्षित सम्पत्तीको स्थिति बदल्ने अपराध
・強制執行妨害目的財産損壊（隠匿）罪	・जबरजस्ती कार्यान्वयनमा बाधा पुर्याई लक्षित सम्पत्तिको क्षति गर्ने (लुकाउने) अपराध
・強制執行妨害目的財産無償譲渡罪	・जबरजस्ती कार्यान्वयनमा बाधा पुर्याई लक्षित

	सम्पतिको पुर्याएको निशुल्क उपलब्ध गराउने अपराध
・強制執行申立妨害目的暴行（脅迫）罪	・अवरुद्ध (जबरजस्ती) को अपराध लाई रोक्ने उद्देश्यका लागि परेको आवेदन
・強制性交等罪	・अनिवार्य यौन संभोग र अन्य अपराध
・強制性交等致死罪	・जबर्जस्ती यौन संभोग गरी मृत्यु गराएको अपराध
・強制性交等致傷罪	・जबर्जस्ती यौन संभोग गरी घाइते गराएको अपराध
・強制わいせつ罪	・अश्लील आक्रमण या दुर्व्यवहार सम्बन्धि अपराध
・強制わいせつ致死罪	・अश्लील आक्रमण या दुर्व्यवहारका कारण मृत्यु हुने अपराध
・強制わいせつ致傷罪	・अश्लील आक्रमण या दुर्व्यवहारका कारण घाइते हुने अपराध
・脅迫罪	・त्रास दिने अपराध
・業務上横領罪	・व्यापारमा हिनामिना गर्ने अपराध
・業務上過失往来危険罪	・व्यावसायिक लापरवाहीले यातायातमा खतरा हुने अपराध
・業務上過失激発物破裂罪	・व्यापारलाई लापरवाही गरी फुटाउने अपराध
・業務上過失致死罪	・व्यापारमा लापरवाहीले मृत्यु हुने अपराध
・業務上過失致傷罪	・व्यापारमा लापरवाहीले घाइते हुने अपराध
・業務上失火罪	・व्यापारमा आगो लगाउने अपराध
・強要罪	・दबाब या जबर्जस्ती गर्ने अपराध
・虚偽鑑定罪	・असत्य मूल्यांकन सम्बन्धि अपराध
・虚偽告訴罪	・कपटी भनेर बयान गर्ने अपराध
・虚偽診断書作成罪	・गलत मेडिकल प्रमाणपत्र निर्माण गर्ने अपराध
・激発物破裂罪	・विस्फोटक पदार्थ फुटाउने अपराध
・現住建造物等放火罪	・मान्छे बस्ने संरचनामा आगो लगाउने अपराध

・建造物侵入罪	・भवन आक्रमण अपराध
・建造物損壊罪	・भवन क्षतिको अपराध
・建造物損壊致死罪	・भवन क्षतिबाट मृत्यु गराउने अपराध
・建造物損壊致傷罪	・भवन क्षतिबाट घाइते गराउने अपराध
・建造物等以外放火罪	・घर बाहेकको बस्तुमा आगो लगाउने अपराध
・公印偽造罪	・नक्कली सरकारी छाप प्रयोग अपराध
・公印不正使用罪	・सरकारी छापको अनाधिकृत प्रयोग अपराध
・強姦罪	・बलात्कार
・強姦致死罪	・बलात्कारको कारण मृत्यु गराउने अपराध
・強姦致傷罪	・बलात्कारको कारण चोट पुर्‍याउने अपराध
・公記号偽造罪	・आधिकारिक साइन किर्ते गर्ने अपराध
・公記号不正使用罪	・आधिकारिक प्रतीकहरूको दुरुपयोग गर्ने अपराध
・公契約関係競売等妨害罪	・सार्वजनिक अनुबन्ध सम्बन्धित लिलामी, आदि अपराध
・公正証書原本等不実記載罪	・मौलिक नोटराइजको गलत बयान अपराध
・公然わいせつ罪	・सार्वजनिक अशिष्टता अपराध
・強盗強制性交等罪	・डकैतीले यौन सम्बन्ध राख्न बाध्य पारेको अपराध
・強盗強制性交等致死罪	・डाकुहरूले जबरजस्ती सम्भोग गरी मृत्यु गराएको अपराध
・強盗強姦罪	・चोरी तथा बलात्कार अपराध
・強盗強姦致死罪	・चोरी तथा बलात्कारबाट मृत्यु हुने अपराध
・強盗罪	・चोरी
・強盗致死罪	・डकैती-हत्या गर्ने अपराध
・強盗致傷罪	・चोरीबाट घाइते हुने अपराध
・強盗予備罪	・चोरीको तयारी अपराध
・公務員職権濫用罪	・निजामती कर्मचारीको दुरुपयोग को अपराध
・公務執行妨害罪	・सरकारी काममा वाधा पुर्‍याउने अपराध

・公用文書毀棄罪	・आधिकारिक कागजात नष्ट गर्ने अपराध
・昏睡強盗罪	・वेहोश बनाएर चोरी गर्ने अपराध

【さ　行】

・裁判員の参加する刑事裁判に関する法律違反	・न्यायाधीश संलग्न आपराधिक न्याय कानूनको उल्लंघन
（裁判員等に対する請託（情報提供）罪）	(न्यायाधीशलाई कन्साइन्टमेन्ट (जानकारी प्रदान गर्ने आदि) अपराध)
（裁判員等に対する威迫罪）	(न्यायाधीश आदिलाई धम्की दिने अपराध)
（裁判員等による秘密漏示罪）	(न्यायाधीश आदि द्वारा गोप्य खुलासा गर्ने अपराध)
（裁判員の氏名等漏示罪）	(न्यायाधीशको नाम खुलासा आदि अपराध)
（裁判員候補者による虚偽記載（陳述）罪）	(न्यायाधीश उम्मेदवार द्वारा गलत वक्तव्य (बयान) अपराध)
・詐欺罪	・ठगी
・殺人罪	・हत्या
・殺人予備罪	・हत्याको तयारी अपराध
・私印偽造罪	・नक्कली निजी छाप बनाउने अपराध
・私印不正使用罪	・ठगीमा नक्कली निजी छाप प्रयोग गर्ने अपराध
・事後強盗罪	・पछि डकैती शुल्क अपराध
・自殺関与罪	・आत्महत्या संलग्नता अपराध
・死体遺棄罪	・शव त्याग अपराध
・死体損壊罪	・लास क्षति अपराध
・失火罪	・आगोको अपराध
・支払用カード電磁的記録不正作出罪	・भुक्तान कार्ड विद्युत चुम्बकीय रेकर्ड अनधिकृत उत्पादन अपराध
・重過失致死罪	・बढ्दो लापरवाहीले मृत्यु हुने अपराध

・重過失致傷罪 ・बढ्दो लापरवाहीले घाइते हुने अपराध
・住居侵入罪 ・अरुको घरमा प्रवेश गर्ने अपराध
・収得後知情行使（交付）罪 ・रसीद पछि सूचित व्यायाम (वितरण) को अपराध
・銃砲刀剣類所持等取締法違反 ・हातहतियार र तरवार नियन्त्रण कानूनको उलंघन गर्ने अपराध

（けん銃実包譲渡） (ह्यान्डगन वास्तविक प्याकेज स्थानान्तरण)
（けん銃実包所持） (एक वास्तविक बन्दूक आफुसंग लिएको)
（けん銃実包として輸入） (वास्तविक बन्दूकको रूपमा आयात गरिएको)
（けん銃実包輸入） (वास्तविक बन्दुकको आयात)
（けん銃等加重所持） (पिस्तोलको भारित कब्जा)
（けん銃等譲渡） (ह्यान्डगन ट्रान्सफर, आदि)
（けん銃等所持） (पिस्तोल आदि आफूसंग राख्नु)
（けん銃等として輸入） (पिस्तोल, आदिको रूपमा आयात गरियो)
（けん銃等発射） (फायर पिस्तोल, आदि)
（けん銃等輸入） (पिस्तोलको आयात, आदि)
（けん銃部品として輸入） (पिस्तोल पार्ट्सको रूपमा आयात गरिएको
・出入国管理及び難民認定法違反 ・अध्यागमन नियन्त्रण तथा शरणार्थी पहिचान कानूनको उल्लघन

（営利目的等不法入国等援助） (फाइदाको लागि गैरकानुनी रुपमा देश भित्र पस्न सहयोग, आदि)
（寄港地上陸許可等の期間の経過） (अवतरण अवधि अवतरण अनुमति, आदि)
（収受等の予備） (संकलन को लागी आरक्षित)
（集団密航者の収受等） (गुप्त समूहको संग्रह, आदि)
（集団密航者を本邦に入らせ，又は上陸させる罪） (सामूहिकरुपमा गुप्त प्रवेश गर्न वा जापान मा अवतरण गर्न अपराध)
（集団密航者を本邦に向けて輸送し， (जापानमा गुप्त समूहको यातायात वा जापान भित्र

罪名【さ行】

又は本邦内において上陸の場所に向け　　अवतरण स्थानमा ढुवानीको अपराध)
て輸送する罪)

　（船舶等の準備及び提供）　　　（जहाज आदिको तयारी र प्रावधान）

　（不法在留）　　　　　　　　（अवैध बसाई）

　（不法残留）　　　　　　　　（अवैध बाँकी रहनु）

　（不法就労助長）　　　　　　（अवैध रोजगार पदोन्नति）

　（不法上陸）　　　　　　　　（अवैध अवतरण）

　（不法入国）　　　　　　　　（अवैध प्रवेश）

　（不法入国者等蔵匿隠避）　　（अवैध आप्रवासी आदि शरणार्थी）

　（旅券不携帯）　　　　　　　（राहदानी बिना）

・準強制性交等罪　　　　　　・अर्ध-अनिवार्य यौन संभोग र अन्य अपराध

・準強制わいせつ罪　　　　　・अर्ध-अनिवार्य अश्लील अपराध

・準強姦罪　　　　　　　　　・अर्ध बलात्कार अपराध

・準詐欺罪　　　　　　　　　・अर्ध-ठगी अपराध

・傷害罪　　　　　　　　　　・शारीरिक हानिको अपराध

・傷害致死罪　　　　　　　　・चोट पुर्याई हत्या गर्ने अपराध

・消火妨害罪　　　　　　　　・आगो निभाउन अवरोध गर्ने अपराध

・証拠隠滅罪　　　　　　　　・प्रमाणको विनाशको अपराध

・常習賭博罪　　　　　　　　・जुवा खेल्ने बानी अपराध

・常習累犯窃盗罪　　　　　　・चोरीमा बानी भएको चोरले चोरी गर्ने अपराध

・承諾殺人罪　　　　　　　　・हत्या गर्न प्रतिबद्धता

・証人等威迫罪　　　　　　　・धम्की दिने साक्षी

・私用文書毀棄罪　　　　　　・निजी कागजात मानहानि

・嘱託殺人罪　　　　　　　　・हत्या आयोग

・職務強要罪　　　　　　　　・कर्तव्यको कर्तव्य

・所在国外移送目的略取罪　　・विदेशमा स्थानान्तरणको उद्देश्य छोडेर गएको अपराध

- 180 -

・信書隠匿罪	・गोपनीयता लुकाउनुहोस्
・信書開封罪	・खुला पत्र
・人身売買罪	・यातायात अपराध
・信用毀損罪	・क्रेडिट क्षति
・窃盗罪	・चोरी
・騒乱罪	・मेहेम
・贈賄罪	・घूसखोरी

【た　行】

・逮捕罪	・गिरफ्तार अपराध
・逮捕致死罪	・गिरफ्तार र मृत्यु अपराध
・逮捕致傷罪	・गिरफ्तार र चोट अपराध
・大麻取締法違反（所持，譲渡，譲受，使用，輸入）	・भांग नियन्त्रण ऐनको उल्लंघन (स्वामित्व, स्थानान्तरण, स्थानान्तरण, प्रयोग, आयात)
・多衆不解散罪	・व्यक्तिहरूको ठूलो समूह भंग नगर्ने अपराध
・談合罪	・सहयोग
・通貨偽造罪	・मुद्रा जालसाजी
・通貨偽造等準備罪	・मुद्रा जालसाजी जस्ता तयारी अपराधहरू
・電子計算機使用詐欺罪	・इलेक्ट्रोनिक कम्प्युटर ठगी शुल्क
・電子計算機損壊等業務妨害罪	・व्यवसाय अवरोध अपराधहरू जस्तै कम्प्युटर क्षति
・電磁的記録不正作出罪	・विद्युत चुम्बकीय रेकर्डिं गलत तरिकाले प्रतिबद्ध
・電磁的公正証書原本不実記録罪	・विद्युत चुम्बकीय नोटराइज मूल गलत बयान अपराध
・逃走援助罪	・सहायता अपराध अपहरण
・逃走罪	・अपराध बाट भाग्नुहोस्
・盗品運搬（保管，有償譲受け，有償処分あっせん）罪	・चोरी सामान ढुवानी (भण्डारण, भुक्तानी स्थानान्तरण, भुक्तानी डिस्पोजेसन मध्यस्थता) अपराध
・盗品無償譲受け罪	・चोरी गरिएको चीज निशुल्क स्थानान्तरण अपराध

- 動物傷害罪 ・ पशु चोट अपराध
- 特別公務員職権濫用罪 ・ विशेष नागरिक कर्मचारीहरूको दुरुपयोग को अपराध
- 特別公務員職権濫用等致死罪 ・ विशेष नागरिक कर्मचारीहरूको दुरुपयोग जस्ता मृत्यु अपराध

- 特別公務員職権濫用等致傷罪 ・ विशेष नागरिक कर्मचारी दुर्व्यवहार र अन्य घाइते
- 特別公務員暴行陵虐罪 ・ विशेष नागरिक कर्मचारी द्वारा गरिएको अत्याचारको अपराध

- 賭博罪 ・ जुवा
- 賭博場開帳等図利罪 ・ जुवा खुला किताब आदि।
- 富くじ発売罪 ・ लटरी बिक्री अपराध

【は　行】

- 売春防止法違反（勧誘，客待ち） ・ वेश्यावृत्ति रोकथाम कानूनको उल्लंघन (बिन्ती, ग्राहकहरु को लागी पर्खाई)

- 背任罪 ・ विश्वास या भरोसा तोड्ने अपराध
- 犯人隠避罪 ・ अपराधीलाई लुकाएर राखेको अपराध
- 犯人蔵匿罪 ・ आपराधिक शुल्क
- 非現住建造物等放火罪 ・ मानिस नभएको घरमा आगो लगाउने अपराध
- 被拘禁者奪取罪 ・ थुनुवाइ द्वारा जफत
- 秘密漏示罪 ・ गोप्य खुलासा
- 被略取者引渡し（収受，輸送，蔵匿，隠避）罪 ・ थुनामा राखिएको निर्वासन (रसिद, यातायात, भण्डारण, चोरी)
- 封印等破棄罪 ・ त्याग अपराध जस्तै मोहर
- 不実記録電磁的公正証書原本供用罪 ・ गलत बयान इलेक्ट्रोमैग्नेटिक नोटरीयल डीड मूल सेवा अपराध
- 侮辱罪 ・ अपमान

・不正作出電磁的記録供用罪	・अनधिकृत उत्पादन विद्युत चुम्बकीय रेकर्डिंग सेवा शुल्क
・不正指令電磁的記録供用罪	・अनुचित अन्याय डायरेक्टिव इलेक्ट्रोमैग्नेटिक रिकर्डिंग सेवा अपराध
・不正指令電磁的記録作成（提供）罪	・अनधिकृत निर्देशिक इलेक्ट्रोमैग्नेटिक रेकर्ड निर्माण (प्रस्ताव)
・不正指令電磁的記録取得（保管）罪	・अवैध रूपमा इलेक्ट्रोमॅग्नेटिक रेकर्ड अधिग्रहण अर्डर गर्ने अपराध (राख्दै)
・不正電磁的記録カード所持罪	・अनधिकृत विद्युत चुम्बकीय रेकर्डिं कार्ड कब्जा
・不退去罪	・नछोडिकन बसिरहने अपराध
・不動産侵奪罪	・अचल सम्पत्ती आक्रमण गर्ने अपराध
・放火予備罪	・आर्सन तयारी अपराध
・暴行罪	・हिंसा अपराध
・保護責任者遺棄罪	・सुरक्षा अधिकारीद्वारा परित्याग अपराध
・保護責任者遺棄致死罪	・संरक्षण अधिकारीलाई मारेर छोड्ने अपराध
・保護責任者遺棄致傷罪	・संरक्षण अधिकारीलाई घाइते बनाएर छोड्ने अपराध

【ま　行】

・未成年者略取（誘拐）罪	・नाबालिग अपहरणको अपराध (अपहरण)
・身の代金目的被略取者収受罪	・फिरौती उद्देश्यले अपहरण गर्ने अपराध
・身の代金目的略取罪	・फिरौती उद्देश्यले लुट्ने अपराध
・身の代金目的略取等予備罪	・प्रारम्भिक अपराध जस्तै लुट्ने उद्देश्य
・身の代金要求罪	・फिरौतीको माग अपराध
・無印公文書偽造罪	・छाप नभएको सरकारी कागजातको जाली प्रयोग गर्ने अपराध
・無印私文書偽造罪	・छाप नभएको निजी कागजातको जाली प्रयोग गर्ने अपराध

・名誉毀損罪 · मानहानि अपराध

【や 行】

・有印公文書偽造罪 · छाप भएको सरकारी कागजातको जाली प्रयोग गर्ने अपराध

・有印私文書偽造罪 · छाप भएको निजी कागजातको जाली प्रयोग गर्ने अपराध

・有価証券偽造罪 · जमानत जालसाजी अपराध

【ら 行】

・わいせつ物陳列（頒布，有償頒布目的所持）罪 · अश्लीलता प्रदर्शन (वितरण, सशुल्क वितरण उद्देश्यको कब्जा)

・わいせつ電磁的記録記録媒体陳列（頒布，有償頒布目的所持）罪 · अश्लील इलेक्ट्रोमॅग्नेटिक रिकॉर्डिंग मीडिया प्रदर्शन (वितरण, वितरण को लागी) शुल्क

・わいせつ電磁的記録等送信頒布罪 · विद्युत चुम्बकीय रेकर्ड इत्यादि प्रसारण र वितरण गर्ने अपराध

・わいせつ電磁的記録有償頒布目的保管罪 · अश्लील विद्युत चुम्बकीय रेकर्ड सशुल्क वितरण उद्देश्यले भण्डारण गर्ने अपराध

資料

証拠等関係カードの略語表 （19 ページ参照）

略語	意味	略語	意味
1，2…	第1回公判，第2回公判…〔「期日」欄のみ〕	捜 押	捜索差押調書
前1，前2…	第1回公判前整理手続，第2回公判前整理手続…	記 押	記録命令付差押調書
間1，間2…	第1回期日間整理手続，第2回期日間整理手続…	任	任意提出書
※1，※2…	証拠等関係カード（続）「※」欄の番号1，2…の記載に続く	領	領置調書
決 定	証拠調べをする旨の決定	仮 還	仮還付請書
済	取調べ済み	還	還付請書
裁	裁判官に対する供述調書	害	被害届，被害てん末書，被害始末書，被害上申書
検	検察官に対する供述調書	追 害	追加被害届，追加被害てん末書，追加被害始末書，追加被害上申書
検 取	検察官事務取扱検察事務官に対する供述調書	答	答申書
事	検察事務官に対する供述調書	質	質取てん末書，質取始末書，質受始末書，質取上申書，質受上申書
員	司法警察員に対する供述調書	買	買受始末書，買受上申書
巡	司法巡査に対する供述調書	始 末	始末書
麻	麻薬取締官に対する供述調書	害 確	被害品確認書，被害確認書
大	大蔵事務官に対する質問てん末書	放 棄	所有権放棄書，電磁的記録に係る権利放棄書
財	財務事務官に対する質問てん末書	返 還	協議返還書
郵	郵政監察官に対する供述調書	上	上申書
海	海上保安官に対する供述調書	報	捜査報告書，捜査状況報告書，捜査復命書
弁 録	弁解録取書	発 見	遺留品発見報告書，置去品発見報告書
逆 送	家庭裁判所の検察官に対する送致決定書	現 認	犯罪事実現認報告書
告 訴	告訴状	写 報	写真撮影報告書，現場写真撮影報告書
告 , 調	告訴調書	交 原	交通事件原票
告 発	告発状，告発書	交原（報）	交通事件原票中の捜査報告書部分
自 首	自首調書	交原（供）	交通事件原票中の供述書部分
通 逮	通常逮捕手続書	検 調	検証調書
緊 逮	緊急逮捕手続書	実	実況見分調書
現 逮	現行犯人逮捕手続書	捜 照	捜査関係事項照会回答書，捜査関係事項照会書，捜査関係事項回答書
捜	捜索調書	免 照	運転免許等の有無に関する照会結果書，運転免許等の有無に関する照会回答書，運転免許調査結果報告書
押	差押調書	速 力	速度違反認知カード

選　権	選挙権の有無に関する照会回答書	寄　附	贖罪寄附を受けたことの証明
診	診断書	嘆	嘆願書
治　照	交通事故受傷者の病状照会について，交通事故負傷者の治療状況照会，診療状況照会回答書，治療状況照会回答書	（謄）	謄本
検　視	検視調書	（抄）	抄本
死	死亡診断書，死体検案書	（検）	検察官
酒　カ	酒酔い酒気帯び鑑識カード	（検取）	検察官事務取扱検察事務官
鑑　嘱	鑑定嘱託書	（事）	検察事務官
鑑	鑑定書	（員）	司法警察員
電　話	電話聴取書，電話報告書	（巡）	司法巡査
身	身上照会回答書，身上調査照会回答書，身上調査票，身上調査回答	（大）	大蔵事務官
戸	戸籍謄本，戸籍抄本，戸籍（全部・一部・個人）事項証明書	（財）	財務事務官
戸　附	戸籍の附票の写し	（被）	被告人
登　記	不動産登記簿謄本，不動産登記簿抄本，登記（全部・一部）事項証明書		
商登記	商業登記簿謄本，商業登記簿抄本，登記（全部・一部）事項証明書		
指	指紋照会回答票，指紋照会書回答票，指紋照会書通知書，指紋照会回答，指紋照会書回答		
現　指	現場指紋による被疑者確認回答書，現場指紋等確認報告書		
氏　照	氏名照会回答書，氏名照会票，氏名照会記録書		
前　科	前科調書，前科照会（回答）書，前科照会書回答		
前　歴	前歴照会（回答）書		
犯　歴	犯罪経歴回答書，犯罪経歴電話照会回答書		
外　調	外国人登録（出入国）記録調査書		
判	判決書謄本，判決書抄本，調書判決謄本，調書判決抄本		
決	決定書謄本，決定書抄本		
略	略式命令謄本，略式命令抄本		
示	示談書，和解書		
受	受領書，受領証，領収書，領収証，受取書，受取証		
現　受	現金書留受領証，現金書留引受証		
振　受	振込金兼手数料受領書，振込金受領書		

第一審手続概要

起訴

公判準備

起訴状謄本の送達
弁護人選任照会(通訳言語照会)
　↓　　(通訳人予定者への打診)
起訴状概要の翻訳・送付
国選弁護人の選任

> 　公判前整理手続(非公開)は,裁判員裁判対象事件では必ず行われるが,それ以外の通常の事件でも行われる場合がある。

公判前整理手続

証明予定事実記載書面の提出(検察官)
証拠調べの請求
　↓
主張予定事実等の明示(弁護人,被告人)
検察官の証拠調べの請求に関する意見
証拠調べの請求
　↓
争点及び証拠の整理
審理計画の策定

裁判員等選任手続

裁判員裁判対象事件のみ(非公開)

公判手続

冒頭手続

(公判前整理手続において通訳人が選任されていない場合)
通訳人の人定尋問と宣誓
　↓
被告人の人定質問
　↓
検察官の起訴状朗読
　↓
被告人に対する黙秘権等の告知
　↓
被告人及び弁護人による被告事件に対する陳述

証拠調べ

公判前整理手続が行われた事件では，次のように進行する。

通常の事件の場合

検察官の冒頭陳述
↓
証拠調べの請求（検察官）
↓
証拠調べの請求に対する意見の聴取
↓
証拠決定
↓
証拠調べの実施
（証拠書類，証拠物の取調べ，
証人尋問等）
↓
被告人の供述調書の取調べ
↓
証拠調べの請求（弁護人）
↓
証拠調べの請求に対する意見の聴取
↓
証拠決定
↓
証拠調べの実施
（証拠書類，証拠物の取調べ，
証人尋問等）
↓
被告人質問

弁護人の冒頭陳述

公判前整理手続の
結果を明らかにする
手続

証拠調べの実施
（証拠書類，
証拠物の取調べ，
証人尋問等）

弁論

検察官の論告・求刑
↓
弁護人の最終弁論
↓
被告人の最終陳述

判決宣告

有罪判決
無罪判決
その他（免訴・公訴棄却・管轄違い）

控訴審手続概要

第一審裁判所
　控訴申立て
　↓
　弁護人選任照会（高裁の依頼に基づく。）
　↓
　記録・証拠物の送付

控訴審裁判所

公判準備
　控訴趣意書差出最終日の指定・通知
　↓
　国選弁護人の選任　　（高裁によっては，上記指定より先に
　↓　　　　　　　　　　　　　　　行っている。）
　控訴趣意書の提出及び相手方への謄本の送達
　↓
　（答弁書の提出）
　↓
　第1回公判期日の指定及び被告人の召喚
　（高裁によっては，上記指定を控訴趣意書差出最終日の
　　通知と同時に行っている。）

公判手続
　通訳人の人定尋問と宣誓
　↓
　被告人の人定質問
　↓
　（黙秘権の告知）
　↓
　控訴趣意書に基づく弁論
　↓
　控訴趣意書に対する相手方の意見
　↓
　（事実の取調べ）
　↓
　（事実の取調べの結果に基づく弁論）

判決宣告
　控訴棄却
　原判決破棄（差戻し・移送・自判）

法廷通訳ハンドブック　実践編
【ネパール語】　　　　　　　　　　　　　　　書籍番号　500308

令和3年6月10日　第1版第1刷発行

監　　修　　最高裁判所事務総局刑事局

発 行 人　　門　　田　　友　　昌

発 行 所　一般財団法人　法　　曹　　会

〒100−0013　東京都千代田区霞が関1-1-1
振替口座　00120−0−15670
電　　話　03−3581−2146
http://www.hosokai.or.jp/

落丁・乱丁はお取替えいたします。　　　　印刷製本／㈱白樺写真工芸

ISBN　978-4-86684-069-7

本誌は再生紙を使用しています。